Christoph Ramstein

Von Jerusalem bis Rom

Christoph Ramstein

Von Jerusalem bis Rom

Predigten zu Apostelgeschichte Kapitel 1-13 - ausgelegt für die Gemeinde

Fromm Verlag

Impressum / Imprint
Bibliografische Information der Deutschen Nationalbibliothek: Die Deutsche Nationalbibliothek verzeichnet diese Publikation in der Deutschen Nationalbibliografie; detaillierte bibliografische Daten sind im Internet über http://dnb.d-nb.de abrufbar.
Alle in diesem Buch genannten Marken und Produktnamen unterliegen warenzeichen-, marken- oder patentrechtlichem Schutz bzw. sind Warenzeichen oder eingetragene Warenzeichen der jeweiligen Inhaber. Die Wiedergabe von Marken, Produktnamen, Gebrauchsnamen, Handelsnamen, Warenbezeichnungen u.s.w. in diesem Werk berechtigt auch ohne besondere Kennzeichnung nicht zu der Annahme, dass solche Namen im Sinne der Warenzeichen- und Markenschutzgesetzgebung als frei zu betrachten wären und daher von jedermann benutzt werden dürften.

Bibliographic information published by the Deutsche Nationalbibliothek: The Deutsche Nationalbibliothek lists this publication in the Deutsche Nationalbibliografie; detailed bibliographic data are available in the Internet at http://dnb.d-nb.de.
Any brand names and product names mentioned in this book are subject to trademark, brand or patent protection and are trademarks or registered trademarks of their respective holders. The use of brand names, product names, common names, trade names, product descriptions etc. even without a particular marking in this work is in no way to be construed to mean that such names may be regarded as unrestricted in respect of trademark and brand protection legislation and could thus be used by anyone.

Coverbild / Cover image: www.ingimage.com

Verlag / Publisher:
Fromm Verlag
ist ein Imprint der / is a trademark of
OmniScriptum GmbH & Co. KG
Heinrich-Böcking-Str. 6-8, 66121 Saarbrücken, Deutschland / Germany
Email: info@frommverlag.de

Herstellung: siehe letzte Seite /
Printed at: see last page
ISBN: 978-3-8416-0438-5

Inhaltsverzeichnis

Vorwort

Liebe Leserin, Lieber Leser!

Die Apostelgeschichte öffnet für uns ein Fenster in die frühe Christenheit, beginnend nach Ostern mit dem Vorspann zu Pfingsten und endend mit dem unter Hausarrest stehenden Paulus in Rom. Eine Auswahl von Berichten, die punktuelle Einblicke – hochspannende Einblicke! – in die ersten rund 30 Jahre frühester Geschichte der Christenheit ermöglichen. Wohl selten habe ich in der Predigtvorbereitung so intensiv mit deutschen und englischen Kommentaren und Monographien zur Apostelgeschichte gearbeitet und davon profitiert. Vor allem die neueren Kommentare bieten eine Fülle von Einsichten in die handfest historischen Hintergründe der Texte, die enorm fruchtbar für das Verständnis sind.

Diese Predigten zur Apostelgeschichte wurden in normalen Sonntagsgottesdiensten gehalten und bildeten den Schlusspunkt von 20 Jahren pfarramtlicher Tätigkeit und Verkündigung in der Reformierten Kirchgemeinde Lausen. Dankbar schaue ich auf diese Zeit zurück. Die beiden Nachworte enthalten sowohl die Stimme eines langjährigen Mitglieds unserer Kirchenpflege (Kirchenvorstand) und meiner ehemaligen Vikarin. Beiden – Peter Matl und Pfrn. Dr. Hanna Rucks-Brückner – sei an dieser Stelle sehr herzlich gedankt für allen Austausch und alle Weggemeinschaft. Diesen Predigtband widme ich besonders allen Menschen an meinem bisherigen Wirkungsort in Baselland und an meinem zukünftigen Wirkungsort in der Stadt Basel - und darüber hinaus allen Interessierten. Möge sich das Wort der Apostelgeschichte gerade heute als stark und kräftig, als bereichernd und herausfordernd, als befruchtend und wegweisend für unseren Weg als Christinnen und Christen – und auch als ganze Kirchen und Gemeinschaften erweisen.

Gottes Segen und die besten Wünsche!
Christoph Ramstein
Lausen, im Herbst 2014

Warten auf den „Take-off"

Den ersten Bericht habe ich gegeben, lieber Theophilus, von all dem, was Jesus von Anfang an tat und lehrte bis zu dem Tag, an dem er aufgenommen wurde, nachdem er den Aposteln, die er erwählt hatte, durch den Heiligen Geist Weisung gegeben hatte. Ihnen zeigte er sich nach seinem Leiden durch viele Beweise als der Lebendige und ließ sich sehen unter ihnen vierzig Tage lang und redete mit ihnen vom Reich Gottes. Und als er mit ihnen zusammen war, befahl er ihnen, Jerusalem nicht zu verlassen, sondern zu warten auf die Verheißung des Vaters, die ihr, so sprach er, von mir gehört habt; denn Johannes hat mit Wasser getauft, ihr aber sollt mit dem Heiligen Geist getauft werden nicht lange nach diesen Tagen. Die nun zusammengekommen waren, fragten ihn und sprachen: Herr, wirst du in dieser Zeit wieder aufrichten das Reich für Israel? Er sprach aber zu ihnen: Es gebührt euch nicht, Zeit oder Stunde zu wissen, die der Vater in seiner Macht bestimmt hat; aber ihr werdet die Kraft des Heiligen Geistes empfangen, der auf euch kommen wird, und werdet meine Zeugen sein in Jerusalem und in ganz Judäa und Samarien und bis an das Ende der Erde. (Apostelgeschichte 1,1-8)

Liebe Schwestern und Brüder, Liebe Gemeinde!

Vierzig Tage ! Vierzig Tage sind eine stattliche Zeitspanne. Das ist beispielsweise länger als die Ferien, die eine durchschnittliche Person im Arbeitsprozess pro Jahr beziehen kann. Vierzig Tage sind fast der neunte Teil eines ganzen Kalenderjahres. Wenn man in der Nacht einen guten und gesunden Schlaf hat – was ich Euch allen von Herzen wünsche – dann bleiben immer noch 640 Stunden übrig, um etwas zu tun!

Vierzig Tage! Stellt Euch vor, was ihr in einer solchen Zeitspanne alles tun könntet, wenn man sie zur freien Verfügung hat. Dinge, die man schon lange tun wollte, aber gewöhnlich keine Zeit dafür fand. Du könntest beispielsweise eine oder zwei Freundinnen anrufen, sie um Hilfe bitten und mit ihnen zusammen die

Wohnung oder das Haus einem gründlichen „Frühlingsputz“ unterziehen – mit vielen gemütlichen Kaffeepausen alle zwei Stunden. Es wäre immer noch viel Zeit übrig, um mehr zu tun. Du könntest den Schwung des Frühlingsputz gerade nutzen und ein bestimmtes Zimmer streichen und neu einrichten. Zusätzlich könntest Du eine stattliche Zahl von Nachbarn, Verwandten und Freunden einladen zum gemütlichen Zusammensein oder sogar für ein Nachtessen. Oder Du könntest Dir vornehmen, pro Tag eine Person zu besuchen. Das gäbe dann vierzig Personen für die ganze Zeitspanne. Oder – wenn Du das gerne machst – könntest Du Gutzi backen. Das gäbe einen stattlichen Gutzi-Berg von Hunderten oder sogar Tausenden! Du könntest diese Gutzi dann schön verpacken, sie verteilen oder für einen guten Zweck verkaufen. Und so weiter …

Ihr wisst, was ich damit sagen will: in vierzig Tagen könnte man sehr viele schöne und interessante Dinge tun! Wenn wir die ersten Verse der Apostelgeschichte im Neuen Testament aufschlagen, dann hören wir auch von einer solchen Periode von 40 Tagen. Wir lernen, dass Jesus nach seiner Auferstehung an Ostern während 40 Tagen kostbare Qualitätszeit mit seinen Aposteln verbrachte. Sie konnten Gemeinschaft pflegen und Mahlzeiten geniessen. Sie sassen zusammen und diskutierten Fragen. Jesus gab ihnen Instruktionen für ihre zukünftige Aufgabe im Horizont des Gottesreichs.

Natürlich war das nicht ihre erste Instruktion durch Jesus. Die Apostel hatten ja bereits ein dreijähriges „on-the-job“ Intensiv-Programm mit Jesus als ihrem Meister-Lehrer absolviert. In den heutigen Begriffen war das sozusagen ihr „Batchelor-of Arts“ (B.A.)! Aber dieses Basistraining war nicht im akademischen Stil konzipiert - wie wir es heute kennen - mit Vorlesungen, Seminaren, Papieren und Prüfungen. Jesus folgte der Tradition eines jüdischen Rabbi, der seine Jünger instruiert. Wenn wir die Seiten der vier Evangelien durchblättern, dann entdecken wir, dass diese Unterweisung eine sehr intensive andauernde Lernerfahrung mitten im Alltagsleben und auf Reisen war.

Durch die Passion und Kreuzigung Jesu wurde alles Lernen der Apostel hart auf die Probe gestellt. Ihr Meister-Lehrer starb einen gewaltsamen Tod am Kreuz als unschuldiges Opfer menschlicher Abgründe. Für die Apostel schien alles verloren: ihre Hoffnung auf das erneuerte Gottesvolk Israel und ihr Glaube an Jesus als gerechten Messias in der Linie des grossen Königs David. Doch dann wurde es Ostern ...

Und genau da greift Lukas in der Apostelgeschichte den Faden auf: Den ersten Bericht habe ich gegeben, lieber Theophilus, von all dem, was Jesus von Anfang an tat und lehrte ... Wir lernen hier zwei bemerkenswerte Dinge. Erstens: das Buch der Apostelgeschichte hier ist die Fortsetzung eines früheren Buches. Wir kennen das bestens von Filmen und Büchern: Superman II ist die Fortsetzung von Superman I – Spiderman II ist die Fortsetzung von Spiderman I – Herr der Ringe II ist die Fortsetzung von Herr der Ringe I - etcetera. Wegen dem gleichen Adressaten – einem gewissen Theophilus, über den wir sonst nichts wissen – ist klar, dass das erste Buch das Evangelium nach Lukas ist. Die beiden Bücher sind auf vielfältige Weise miteinander verknüpft. Das letzte Kapitel des Lukasevangeliums und das erste Kapitel der Apostelgeschichte überschneiden sich.

Zweitens fasst Lukas sein erstes Buch mit einer überraschenden Formel zusammen: (wörtlich übersetzt) „alles, was Jesus zu tun und zu lehren begann ..." Da muss man kurz inne halten und nachdenken. Das Evangelium nach Lukas enthält Worte und Taten von Jesus. Das ist klar und keine Überraschung. Aber das war – sagt nun Lukas hier – erst der Anfang! Die Taten und Lehren des Messias Jesus sind noch nicht fertig. Die Geschichte geht weiter. Nach Karfreitag und Ostern – nach Kreuz und Auferstehung setzt Jesus sein Wirken und Reden fort. Und das geht jetzt durch das gesamte Buch der Apostelgeschichte durch und darüber hinaus bis zum heutigen Tag und weiter in die Zukunft. Das Lukasevangelium erzählt uns die Taten und Lehren Jesu – Teil 1. Und die Apostelgeschichte enthält die Taten und Lehren Jesu – Teil 2. Mit anderen Worten: wenn Petrus an Pfingsten aufsteht und seine Predigt hält, die den Frauen und Männern durchs Herz geht – wenn wir davon hören, wie die erste christliche Gemeinde in Jerusalem entsteht – wenn wir einen Einblick bekommen ins freigiebige Teilen dieser Christen und in ihr Beten und Feiern – wenn wir sehen, wie die beiden Apostel Petrus und Johannes einen gelähmten Bettler am Tempeltor heilen – und so weiter … dann ist hier der auferstandene Jesus selbst am Werk. Er ist der Handelnde!

Warten auf den „Take-Off" – so habe ich diese Predigt überschrieben. Was ein Take-Off ist, das wissen wir. Wir steigen in ein Flugzeug und schon bald rollt der grosse Vogel auf die Startbahn. Wenn die Freigabe erfolgt ist, dann startet die Maschine – und hebt schliesslich vom Boden ab. Im Bild gesprochen: An Pfingsten dann startet die Kirche wirklich und hebt ab. Aber soweit ist es hier noch nicht. Die Apostel hören, wie Jesus zu ihnen sagt: Wartet!

Habt ihr das auch schon gehört? Bitte warten! Ihr sitzt in einem Restaurant und habt eure Bestellung schon länger aufgegeben. Ihr wartet, aber es geschieht scheinbar nichts. Ihr winkt dem Kellner und fragt nach. Er sagt schlicht: Bitte haben sie Geduld – ihre Mahlzeit wird zubereitet. Oder ihr geht zur Post, als gerade allen in den Sinn kommt, dort ein Paket aufzugeben oder eine Einzahlung zu tätigen. Ihr müsst in einer langen Schlange warten, bis ihr dran seid. Oder denkt an Eltern! Wie oft müssen Eltern ihren Kindern einfach genau das sagen: Warte!

Manchmal ist Warten schwierig und hart – und die meisten von uns lieben es nicht zu warten. Ich kenne einen jungen Mann – ziemlich gut sogar, denn er lebt in unserem Haus – der jetzt einfach warten muss. Er hat sich für das Jusstudium an der Uni Basel angemeldet – jetzt wartet er auf die Bestätigung der Aufnahme. Er hat sich für einen Job beworben und das Interview hat stattgefunden – jetzt muss aber noch der Arbeitsvertrag unterzeichnet werden. Er hat sich für ein dreimonatiges Praktikum in Afrika angemeldet – aber wegen den politischen Unsicherheiten rund um die Präsidentschaftswahlen in Kenia zieht sich die

Sache fast unerträglich in die Länge – seit Monaten wartet er auf den definitiven Bescheid, ob es klappt.

Manchmal in unserem Leben müssen wir einfach warten – ob uns das gefällt oder nicht. Warten auf den entscheidenden Telefonanruf, den entscheidenden Brief oder die entscheidende Sitzung. Hier haben wir die Gruppe der Apostel. Auch sie müssen hier warten! Jesus hat ihnen diese schwierige Anweisung gegeben: Wartet! Meint ihr, die Apostel – beispielsweise Petrus - hätten gerne gewartet? Wohl kaum. Wir können uns schon fragen: Warum müssen sie denn überhaupt noch warten?

Sie haben doch alle Informationen, die sie brauchen. Sie haben doch das bestmögliche Training durch den besten Meister-Lehrer bekommen. Sie haben doch die ganze Botschaft, die sie weitergeben sollen. Jesus hat sie 3 Jahre lang und jetzt nochmals 40 Tage zusätzlich vorbereitet auf ihre Aufgabe. Die Apostel wollen jetzt vorwärts machen. Sie wollen anpacken – sie wollen etwas tun. Aber die Anweisung von Jesus ist klipp und klar: Wartet!

Wenn wir weiterlesen, dann entdecken wir, wie dieses Warten konkret aussah. Die Apostel hingen nicht einfach herum und warteten passiv darauf, dass irgendwas geschieht. Nein! Sie nutzten diese Wartezeit zum gemeinsamen Gebet. Wenn wir die Apostel sehen, wie sie warten, dann sehen wir sie beten. Ich habe mich gefragt: Ist das die Art, wie wir in unserem persönlichen Leben und im Leben der Kirche solche Wartezeiten nutzen? Haben wir eine Perspektive für diese Zeiten? Sehen wir sie als Einladungen, das Dauer-Geplätscher der Medien abzuschalten, zur Ruhe zu kommen und zu beten?

Worauf mussten die Apostel warten? Sie hatten doch alles – das beste Training, die richtigen Instruktionen, sogar die Agenda für die nächsten Schritte: zuerst Jerusalem – dann Judäa und Samaria – und dann bis an die Enden der Erde. Doch etwas fehlte ihnen noch – und deshalb mussten sie warten. Wenn wir darüber nachdenken, welch gewaltigen Auftrag ihnen Jesus gegeben hat, dann realisieren wir, dass sie das niemals aus eigener Kraft tun konnten. Es war definitiv jenseits ihrer menschlichen Möglichkeiten. Die Kirche konnten sie nicht aus sich selbst hervorbringen. Sie brauchten die mächtige Infusion göttlicher Kraft durch den Heiligen Geist, um über ihre eigenen Möglichkeiten hinauszugehen. Und genau das brauchen wir auch heute. Darum sollen auch wir diese Zeit des Wartens nutzen, um zu beten: Komm, Heiliger Geist – komm! Oder mit den alten lateinischen Worten: Veni Creator Spiritus!

AMEN!

Vor ihren Augen weg

Und als er (Jesus) das gesagt hatte, wurde er zusehends aufgehoben, und eine Wolke nahm ihn auf vor ihren Augen weg. Und als sie ihm nachsahen, wie er gen Himmel fuhr, siehe, da standen bei ihnen zwei Männer in weissen Gewändern. Die sagten: Ihr Männer von Galiläa, was steht ihr da und seht zum Himmel? Dieser Jesus, der von euch weg gen Himmel aufgenommen wurde, wird so wiederkommen, wie ihr ihn habt gen Himmel fahren sehen.
(Apg 1, 9-11)

Liebe Schwestern und Brüder, Liebe Gemeinde!

Himmelfahrt! So fassen wir das, was hier mit wenigen Sätzen geschildert wird, in einem Wort zusammen. Doch seit 1957 die Sowjets zuerst die Hündin Laika und 1961 den Astronauten Juri Gagarin ins Weltall schickten – und die US-Amerikaner 1969 mit der Mondlandung ihren eigenen Coup lancierten, klingt Himmelfahrt für uns irgendwie nach Raumfahrt.

Himmelfahrt! Viele Künstler haben in den vergangenen Jahrhunderten versucht, das Geschehen der Himmelfahrt im Bild festzuhalten. Das Ergebnis war jeweils verblüffend ähnlich – ja fast schon langweilig. Unten die Jünger, die nach oben starren. Oben Jesus – ganz oder nur teilweise sichtbar – manchmal wie eingehüllt in eine Kapsel. Dazwischen die Wolke. Öfters noch mit Engeln „ausgarniert". Das witzigste Gemälde der Himmelfahrt, das ich kenne, stammt von einem unbekannten deutschen Meister aus dem 16. Jahrhundert, bei dem von Jesus unten aus der Wolke die Füsse herausragen.

Himmelfahrt! Mir war das lange Zeit schlicht und einfach ein Rätsel. Und ehrlich gesagt half mir weder die Raumfahrt noch die christliche Kunst wirklich, mich diesem Geschehen anzunähern. Weit hilfreicher waren Sätze aus zwei alten Glaubensbekenntnissen, die mir einen neuen Zugang eröffneten. Im ersten Artikel des sogenannten Apostolischen Glaubensbekenntnisses heisst es: „Ich glaube an Gott, (…) den Schöpfer des Himmels und der Erde (…)“ (RG 263). Und etwas ausführlicher formuliert der erste Artikel des Glaubensbekenntnisses von Nizäa-Konstantinopel: „Wir glauben an den einen Gott, (…) der alles geschaffen hat, Himmel und Erde, die sichtbare und die unsichtbare Welt.“ (RG 264) Da hat es geklickt!

Himmelfahrt rührt an etwas ganz Elementares unserer Überzeugung, wie wir die Welt und unser Leben sehen. Ich frage: Ist das so? Gibt es eine sichtbare und eine unsichtbare Welt? Oder haben die Menschen recht, die sagen: „Ich glaube nur, was ich sehe!“? Leider haben wir in der deutschen Sprache noch eine zusätzliche Schwierigkeit zu überwinden, die beispielsweise die Englischsprachigen nicht haben. Wir sagen einfach Himmel – aber sie können glücklicherweise unterscheiden zwischen sky („der blaue, sichtbare Himmel über uns“) und heaven („die unsichtbare Welt Gottes“). Unsere Väter und Mütter im Glauben haben deutlich zum Ausdruck gebracht: Gottes geschaffene Welt besteht aus dem Sichtbaren und dem Unsichtbaren. Beide Bereiche gehören zur Realität. Wenn wir also die unsichtbare Welt verneinen, dann verzichten wir auf einen gewichtigen Teil der Realität. Denn es gibt schlicht mehr als das, was unsere menschlichen Augen sehen!

Himmelfahrt bedeutet dann zunächst einfach: Jesus, der gekreuzigte und auferstandene Messias, geht jetzt über die Schwelle von der sichtbaren in die unsichtbare Realität. Kein Wunder, dass das mit Worten nur schwer auszusprechen ist. Es ist in gewisser Weise ein Doppelpunkt. Denn das wird hier auch gesagt: dieser Jesus wird noch einmal über diese Schwelle gehen, aber dann in umgekehrter Richtung. Er wird zurückkehren ins Sichtbare, wenn das grosse Finale kommt, wenn Himmel und Erde zusammenkommen, wenn alles vollendet wird mit dem neuen Himmel und der neuen Erde. Am Kreuz und in der Auferstehung Jesu ist der entscheidende Durchbruch geschehen. Die Mächte von Bosheit, Zerfall und Tod haben die Entscheidungsschlacht verloren – auch wenn sie weiter wie marodierende Söldnerheere umherziehen und immer noch ihr Unwesen treiben. Deshalb ist es so wichtig, dass wir auf Jesu Kreuz und

Auferstehung schauen. Hier sehen wir das Neue, das in ihm bereits verwirklicht ist und für die ganze Welt künftig Realität sein wird. Und im Blick auf dieses Neue sollen wir als Einzelne und als Kirche bereits jetzt schon denken, reden, handeln, leben, loben, glauben, hoffen, lieben.

Die Wolke ist ein Wink mit dem Zaunpfahl. Sie taucht an entscheidenden Wegmarken der Gottesgeschichte mit seiner Welt und seinem Volk auf. Und sie steht als sichtbares Zeichen für Gottes Dasein. Wir hören von ihr bei Moses am Sinai. Sie begleitet das Volk auf der Wüstenwanderung am Tag – und in der Nacht als Feuersäule. Sie ist verknüpft mit der Stiftshütte und mit dem Tempel. Sie ist da, als Jesus mit seinen Jüngern auf den Berg geht und dort verwandelt wird. (Mt 17,1-13 par) Und sie ist jetzt wieder da, als Jesus über die Schwelle von der sichtbaren in die unsichtbare Realität Gottes geht.

Himmelfahrt! Viele der ersten Leser der Apostelgeschichte kannten diese Vorstellung – allerdings in einer ganz anderen Version mit gewichtigen Unterschieden. Sie kannten diese Vorstellung von Julius Caesar, von Augustus und den nachfolgenden römischen Kaisern. Es gehörte zum Ritual, dass jemand nach ihrem Tod zu bezeugen hatte, dass ihre Seele zum Himmel gegangen sei. In Bezug auf den Kaiser Augustus – als er im Alter von fast 76 Jahren verstarb und kurz darauf seine Leiche auf dem Marsfeld in Rom verbrannt wurde – klingt das beim römischen Historiker Sueton dann so: „Auch fehlte es nicht an einem Mann – er war von prätorischem Rang -, der eidlich bezeugte, er habe die Gestalt des Verbrannten zum Himmel emporsteigen sehen. Seine Reste sammelten die Vornehmsten des Ritterstandes, in der blossen Tunika, umgürtet und mit nackten Füssen, und setzten dieselben im Mausoleum bei.“ (Sueton, Augustus 100,4) Ganz anschaulich sieht man das in Stein gehauen auf dem Triumphbogen des Titus auf dem Forum Romanum in Rom, wie die Seele des Kaisers Titus zum Himmel aufsteigt. Die Botschaft war klar: Der Kaiser ist jetzt vergöttlicht – und sein Sohn konnte sich rechtmässig als Sohn Gottes bezeichnen. Was für einen, der beanspruchte, ein Weltreich zu regieren, ganz praktisch war.

Der Unterschied zu Jesus ist augenfällig. Er ist ein Mächtiger, der am Kreuz abgrundtiefe Ohnmacht erlitten hat. Er ist ein Herrscher, der als Dienender gelebt und gewirkt hat. Und es ist nicht etwa nur eine körperlose Seele (wie bei den römischen Kaisern), die zum Himmel fährt, sondern sein ganzes, komplettes, erneuertes, handfest körperliches Sein. So wie es Lukas schildert, ist das, was wir bei den römischen Kaisern sehen, eine Parodie – und das bei Jesus das Original. Beim Kaiser der Abklatsch – bei Jesus das volle Programm.

Die Himmelfahrt ist zwar nur von Lukas am Ende des Evangeliums und am Anfang der Apostelgeschichte geschildert, aber der Effekt dieses Geschehens – die Erhöhung Jesu zum König der Könige und Herrn aller Herren – zieht sich durch die verschiedensten Schriften des Neuen Testaments. Dieser Effekt, der jeden irdischen Herrscher weit in den Schatten stellt und wie eine Bleichmaus aussehen lässt, wird besungen in diesem wirklich kühnen urchristlichen Lied, das Paulus zitiert im Philipperbrief (2,9-11) – und wir sind eingeladen, da schon jetzt von ganzem Herzen einzustimmen:

Darum hat ihn auch Gott erhöht und hat ihm den Namen gegeben, der über alle Namen ist, dass in dem Namen Jesu sich beugen sollen aller derer Knie, die im Himmel und auf Erden und unter der Erde sind, und alle Zungen bekennen sollen, dass Jesus Christus der Herr ist, zur Ehre Gottes, des Vaters.

AMEN!

Gemeinschaft, die weiter geht

Da kehrten sie nach Jerusalem zurück von dem Berg, der heißt Ölberg und liegt nahe bei Jerusalem, einen Sabbatweg entfernt. Und als sie hineinkamen, stiegen sie hinauf in das Obergemach des Hauses, wo sie sich aufzuhalten pflegten: Petrus, Johannes, Jakobus und Andreas, Philippus und Thomas, Bartholomäus und Matthäus, Jakobus, der Sohn des Alphäus, und Simon der Zelot und Judas, der Sohn des Jakobus. Diese alle waren stets beieinander einmütig im Gebet samt den Frauen und Maria, der Mutter Jesu, und seinen Brüdern.
(Apg 1,12-14)

Liebe Schwestern und Brüder, Liebe Gemeinde!

Wir Menschen haben Namen. Du hast einen Namen. Ich habe einen Namen. Doch: Wozu haben wir eigentlich Namen?

Eine Auswertung der Telefonanschlüsse in der Schweiz ergibt als häufigste Familiennamen: Müller, Meier, Schmid, Keller, Weber, Huber, Schneider, Meyer, Steiner, Fischer. Gemäss einer Auswertung von Daten seit 1890 (durch Knud Bielefeld) sind die häufigsten Familiennamen in Deutschland: Müller, Schmidt, Schneider, Fischer, Meyer, Weber, Wagner, Becker, Schulz, Hoffmann. Auf den ersten Blick ist sichtbar, dass die Familiennamen grossmehrheitlich von Berufsbezeichnungen herkommen. Die häufigsten Frauennamen in Deutschland sind gemäss der gleichen Quelle: Ursula, Carin/Karin, Helga, Sabine, Ingrid, Renate, Monica/Monika, Susanne, Gisela, Petra. Und bei den Männern sind es: Peter, Michael, Thomas, Andreas, Wolfgang, Claus/Klaus, Jürgen, Günter/Günther, Stefan/Stephan, Christian/Kristian. Leider sind in der Auswertung des Schweizer Telefonverzeichnisses nur die häufigsten Vornamen der Männer vermerkt – diese sind: Hans (53‘136x), Peter (49‘881x), Walter (39‘193x), Daniel (33‘959x), Werner (28‘381x), Thomas (27‘469x), Josef (26‘670x), Ernst (26‘626x), Christian (25‘692x), Martin (25‘531x). Die häufigste Kombination in der gleichen Auswertung ist – wenig überraschend - Hans Müller (641x). In Deutschland wäre der häufigste Name wohl Peter Müller …

Wir Menschen haben Namen. Du hast einen Namen. Ich habe einen Namen. Doch: Wozu haben wir eigentlich Namen? Wir haben Namen, damit wir persönlich angesprochen werden können. Wir haben Namen, damit man Dich und mich unterscheiden kann innerhalb der Familie, im Freundeskreis, am Arbeitsplatz, im Dorf und in der Stadt. Und die Unterscheidung durch Zusätze ist besonders wichtig bei häufigen Namen. Wir haben ein System von Vornamen und Familiennamen. Es geht aber auch auch anders.

Wenn wir uns nun den Namen der Jesusjünger und Apostel in unserem Bibelwort aus der Apostelgeschichte nähern, dann fällt sofort auf, dass wir einige bereits genannt haben, weil sie auch heute bei uns gebräuchlich sind: Peter (abgeleitet von Petrus), Hans (abgeleitet von Johannes), Thomas und Andreas. Aber auch Jakob, Philipp, Matthias und Simon sind Namen, die uns vertraut sind. Damit ist bereits ein Grossteil der Namen in der Apostelliste abgedeckt.

Der israelische Wissenschaftler und Gelehrte Tal Ilan hat aus antiken Grabinschriften, Papyri und literarischen Quellen ein Lexikon mit jüdischen Namen der Antike im Raum des Nahen Ostens zusammengestellt und 2002 veröffentlicht unter dem Titel Lexicon of Jewish Names in Late Antiquity: Part I: Palestine 330 BCE – 200 CE. Seine Untersuchungen hat der Neutestamentler Richard Bauckham von Universität St. Andrews in Schottland weiterentwickelt. Danach sind die 10 häufigsten jüdischen Männernamen der Antike: Simon/Simeon, Josef/Joses, Lazarus/Eleazar, Judas/Juda, Johannes/Johanan, Jesus/Josua, Ananias/Hanania, Jonathan, Matthäus/Matthias/Mattathias, Manaen. Die häufigsten antiken jüdischen Frauennamen sind gemäss der gleichen Untersuchung: Maria/Mariam, Salome, Shelamzion, Martha, Joanna, Sapphira/Shiphra, Berenice, Imma, Mara, Sarah.

Die erste christliche Gemeinde versammelt sich. Es sind Männer und Frauen. Die Liste der Apostel umfasst hier elf Namen – Judas, der Verräter fehlt, was in den folgenden Bibelversen weiter ausgeführt wird. Er wird durch einen Mann namens Matthias ersetzt, der wie die anderen Apostel die ganze Zeit des öffentlichen Wirkens mit Jesus zusammen war – von der Taufe durch Johannes am Jordan bis zur Auferstehung (Apg 1,21f). Weil es unter den zwölf Jüngern und Aposteln solche mit gleichem Namen hat – ein Phänomen, das es fast in jeder Schulklasse gibt! – deshalb müssen die entsprechenden Personen unterschieden werden. Der bekannteste Jünger und Apostel Simon wird deshalb mit seinem Spitznamen Petrus aufgeführt (den er ja von Jesus selber erhalten hat), weil es eben noch einen zweiten Simon in dieser Gruppe gibt. Dieser zweite Simon wird durch den Zusatz der Zelot von Simon Petrus unterschieden. Er war wohl ein eifrig gesetzestreuer, vielleicht sogar militanter Jude. Zeloten waren es später, die den nationalistischen Aufstand gegen die römische Besatzung initiierten, der zur Katastrophe der Zerstörung Jerusalems und des Tempels führte. Aber auch zwei Jesusjünger mit dem Namen Jakobus werden in der Liste genannt. Der bekanntere ist der Bruder des Johannes, der schon bald das Martyrium erleidet und hingerichtet wird (Apg 12,2). Der weniger bekannte Jakobus, Sohn des Alphäus wird vom ersten unterschieden, indem der Name seines Vaters hinzugefügt wird – eine damals bekannte Methode zur Unterscheidung von Personen. Und es gab unter den Jesusjüngern auch zwei mit Namen Judas – auch hier wird ein unterscheidender Zusatz genannt.

Die erste christliche Gemeinde versammelt sich. Frauen und Männer gehören dazu. Lukas, der sowohl das Evangelium als auch die Apostelgeschichte verfasst hat, weist uns immer wieder auf Frauen hin, die eine wichtige Rolle spielen. Nicht zu Unrecht wird gesagt, Lukas sei der frauenfreundlichste Autor der ganzen Antike! Schon früh in seinem Evangelium weist er darauf hin, dass nicht nur Männer sondern auch Frauen dabei waren: Maria Magdalena, Johanna, Susanna beispielsweise (vgl Lk 8,1-3). In den Passions- und Ostergeschichten spielen sie sogar eine Schlüsselrolle. Sie halten treuer zu Jesus als seine Jünger und sind die ersten Zeugen seiner Auferstehung, was für die Antike sehr aussergewöhnlich ist. Namentlich aufgeführt ist hier – und hier zum letzten Mal in der biblischen Tradition – Maria, die Mutter Jesu. Sie ist dabei, als sich die erste christliche Gemeinde versammelt. Zusätzlich werden auch seine Brüder aufgeführt. Ihre Namen sind hier nicht genannt, aber der Evangelist Markus hat sie glücklicherweise bewahrt: Jakobus, Joses, Judas und Simon (Mk 6,3). Auch diese vier Namen waren gängige, häufige Namen unter Juden dieser Zeit in diesem geographischen Raum. In den Evangelien zeigt sich, dass sie dem Wirken Jesu noch kritisch gegenüberstanden. Offenbar geschah aber an Ostern und danach eine Wendung. Der Jesusbruder Jakobus wird als Auferstehungszeuge genannt (1. Kor 15,7) und wird später sogar Petrus als Leiter der Jerusalemer Gemeinde ablösen.

Da ist sie also: die erste christliche Gemeinde in Jerusalem - bestehend aus Männern und Frauen. Menschen wie die Mutter von Jesus, die Brüder von Jesus, die Jünger und Jüngerinnen von Jesus. Sie alle konnten als Augen- und Ohrenzeugen aus erster Hand berichten, um was es ging. Sie waren – und im besonderen Masse die Jünger und Apostel – lebende Garanten für die Zuverlässigkeit der Jesus-Tradition. Sie konnten firsthand von den Worten und Taten Jesu berichten – auch vom Leiden, Sterben und von der Auferstehung Jesu.

Unmittelbar hinter ihnen liegt der Weggang Jesu in die unsichtbare Realität (Apg 1,9-11). Was tun sie jetzt? Sie kehren vom Ölberg nach Jerusalem zurück – ein Weg von etwas mehr als einem Kilometer (hier als die an einem Sabbat für einen frommen Juden zulässige Wegstrecke vermerkt). Was tun sie jetzt? Sie treffen sich in Jerusalem im Obergemach, wo sie sich zu treffen pflegten – möglicherweise der Ort des letzten Abendmahls und der Begegnungen mit dem Auferstandenen. Ein Obergemach war ein zusätzliches Zimmer auf dem Flachdach, zugänglich über eine Aussentreppe. Das Obergemach galt damals als Rückzugsort, als Ort der Ruhe und Stille vor Gott, als Studierzimmer, Gebets- und Versammlungsort. Aufgrund der Anzahl der Personen, die hier und in Apg 1,15 genannt werden, muss es ein stattlicher Raum gewesen sein. Was tun sie jetzt? Sie warten auf den Heiligen Geist und gehorchen so der Instruktion Jesu (Apg 1,4). Und wie sieht dieses Warten aus? Sie warten betend!

Und genau an diesem Punkt möchte ich Euch einladen, Eure Vorstellungen vom Beten einen Moment zur Seite zu legen und Euch ganz in diese Menschen damals hinein zu versetzen. Diese Männer und Frauen, die Jünger und Jüngerinnen Jesu, die Apostel und die Familienangehörigen Jesu waren bis vor kurzem ganz real mit Jesus zusammen. Sie haben mit ihm gegessen, sie haben seine Worte gehört und seine Taten gesehen, sie haben mit ihm gelacht und geweint, sie haben mit ihm Zeit verbracht, sie haben mit ihm geredet. Und jetzt tun sie das weiterhin!!! Diese Gemeinschaft mit Jesus reisst nicht ab. Im Gegenteil: sie geht weiter. Und genau diese Realität der Gemeinschaft mit dem gekreuzigten und auferstandenen Jesus heisst nach seiner Erhöhung ... GEBET! Diese Frauen und Männer sind jetzt schlicht und ergreifend weiterhin mit Jesus zusammen. Nur sehen sie ihn jetzt nicht mehr mit ihren Augen. Das ist der Unterschied! Aber er ist genauso real da wie vorher – einfach nicht mehr für die Augen sichtbar.

Denken wir so vom Gebet? Ist das unsere Vorstellung des Gebets? Ich fürchte, dass uns dieses ganz unmittelbare Verständnis des Gebets abhanden gekommen ist und unter einer dicken Schicht von Traditionen und Gebräuchen begraben liegt.

Liebe Brüder und Schwestern, wenn wir allein oder gemeinsam beten, dann ist der Gekreuzigte und Auferstandene mitten unter uns. So wie er es seinen Jüngern verheissen hat: Wo zwei oder drei versammelt sind in meinem Namen, da bin ich mitten unter ihnen. (Mt 18,20) Siehe, ich bin bei euch alle Tage bin an der Welt Ende. (Mt 28,20) Die Gemeinschaft ist nach Ostern genau so real wie vor Ostern. Nur sieht ihn die erste christliche Gemeinde nicht mehr mit ihren Augen. Er ist unsichtbar in ihrer Mitte, aber genauso real. Und genauso ist es auch für uns.

Was für eine Befreiung für unser Beten! Jesus, der Gott-mit-uns, ist schon da. Real, aber unsichtbar für unsere Augen. Aller religiöse Leistungssport fällt weg. Wenn wir beten, dann ist da einfach diese Gemeinschaft mit ihm. Dann sitzen wir mit ihm am Tisch. Dann stellen wir ihm unsere Fragen. Dann sagen wir ihm, was uns beschäftigt und bedrängt. Dann hören wir seine Worte, die uns die Evangelien aufbewahrt haben - zugespitzt auf unsere Situation. Dann dürfen wir ihm alles sagen, was uns freut und drückt.

Sie warten und beten. Die erste christliche Gemeinde, die wir sehen, ist einen betende Kirche. Eine Kirche, die einfach weiter in der Gegenwart des Gekreuzigten und Auferstandenen lebt. Und die vom ihm seit Pfingsten durch den Heiligen Geist die Kraft empfängt, diese befreiende Botschaft des Evangeliums zu leben und zu teilen.

Ich weiss: viele Predigten zu diesem Thema enden mit einem Aufruf zum Gebet. Betet mehr! Betet häufiger! Betet intensiver! Strengt Euch mehr an! Reserviert Euch mehr Zeit! Ich sage Euch heute etwas ganz Anderes: Du darfst beten – wir dürfen beten. Beten ist kein Müssen, sondern ein Dürfen. Beten ist ein Geschenk. Beten ist Gnade. Der Gekreuzigte und Auferstandene ist bereits schon da – mit seiner Kraft, mit seinem Segen, mit seinem Geist. Er ist da, er ist gegenwärtig, er ist präsent. Im Beten öffnen wir unsere „Augen des Herzens“ für diese Realität. Wir sitzen mit ihm am Tisch und geniessen seine Gegenwart. In solchem Gebet fällt das Trennende unserer Verschiedenheit, weil wir uns finden im Gekreuzigten und Auferstandenen – in seiner Gegenwart. So verstehe ich jetzt auch, dass es hier heisst: Diese alle waren stets beieinander einmütig im Gebet ...

AMEN!

Vom Entscheiden

Und in den Tagen trat Petrus auf unter den Brüdern – es war aber eine Menge beisammen von etwa hundertzwanzig – und sprach: Ihr Männer und Brüder, es musste das Wort der Schrift erfüllt werden, das der Heilige Geist durch den Mund Davids vorausgesagt hat über Judas, der denen den Weg zeigte, die Jesus gefangen nahmen; denn er gehörte zu uns und hatte dieses Amt mit uns empfangen. Der hat einen Acker erworben mit dem Lohn für seine Ungerechtigkeit. Aber er ist vornüber gestürzt und mitten entzweigeborsten, sodass alle seine Eingeweide hervorquollen. Und es ist allen bekannt geworden, die in Jerusalem wohnen, sodass dieser Acker in ihrer Sprache genannt wird: Hakeldamach, das heißt Blutacker. Denn es steht geschrieben im Psalmbuch (Psalm 69,26; 109,8): »Seine Behausung soll verwüstet werden, und niemand wohne darin«, und: »Sein Amt empfange ein andrer.« So muss nun einer von diesen Männern, die bei uns gewesen sind die ganze Zeit über, als der Herr Jesus unter uns ein- und ausgegangen ist – von der Taufe des Johannes an bis zu dem Tag, an dem er von uns genommen wurde –, mit uns Zeuge seiner Auferstehung werden. Und sie stellten zwei auf: Josef, genannt Barsabbas, mit dem Beinamen Justus, und Matthias, und beteten und sprachen: Herr, der du aller Herzen kennst, zeige an, welchen du erwählt hast von diesen beiden, damit er diesen Dienst und das Apostelamt empfange, das Judas verlassen hat, um an den Ort zu gehen, wohin er gehört. Und sie warfen das Los über sie und das Los fiel auf Matthias; und er wurde zugeordnet zu den elf Aposteln. (Apostelgeschichte 1,15-26)

Liebe Mitchristen,

Auffahrt – Himmelfahrt – und dann? Was kommt danach?

Es sind erschütternde, grosse, ja weltbewegende Ereignisse, die uns in den vier Evangelien berichtet werden:

Jesus zieht in Jerusalem unter Jubel ein (Palmsonntag)
Jesus feiert mit seinen Jüngern Abendmahl und wäscht ihnen die Füsse
Jesus wird verraten, verhaftet und gefoltert (Passion)
Jesus wird gekreuzigt wie ein Rebell oder Verbrecher (Karfreitag)
Jesus stirbt und wird in ein Grab gelegt
Der Stein ist weg, das Grab leer, er ist auferstanden (Ostern)
Der Auferstandene begegnet verschiedenen Menschen
Jesus verabschiedet sich und kehrt zurück (Auffahrt/Himmelfahrt)

Die Apostelgeschichte beginnt mit der Auffahrt/Himmelfahrt Christi. Doch was kommt danach? Wir wollen heute Ausblick halten, was unmittelbar folgt. Erstaunlich: nach all diesen Tief- und Höhepunkten folgt nach dem Bericht über ein Gruppengebet – die Ersatzwahl in ein Gremium!

Das kennen wir aus der Politik bestens: Ein Gemeinderat, eine Regierungsrätin, ein Landrat, eine Bundesrätin tritt zurück und jetzt muss dieser Sitz neu besetzt werden. Hier waren es ursprünglich 12 Apostel – ausgewählt und berufen von Jesus. Einer ist ausgefallen. Einer wurde zum Verräter. Einer stirbt verzweifelt. Judas! Der Jesusjünger Judas ist und bleibt eines der grossen Fragezeichen im Evangelium von Jesus. Auch ich stehe ohne wirkliche Erklärung da. Ich weiss einfach eines: es gibt einfach damals wie heute nicht nur Vertrautheit und Freundschaft – es gibt auch Misstrauen und Verrat. Auch das ist Teil unseres Leben und des Evangeliums!

Die Zwölfzahl war keine zufällige Zahl, sondern theologisch hochbedeutsam. Es müssen 12 Apostel sein, so wie es im grossen Bund Gottes mit seinem Volk 12 Stämme waren. Die frühen Christen waren überzeugt: wenn einer ausfällt, dann braucht es einen Ersatz – und darum eine Ersatzwahl. Gesucht wurde die neue zwölfte Person.

Halten wir einen Moment inne. Spüren wir die Spannung? Wir kennen ja auch solche Spannungbogen aus unserem eigenen Leben. Höhen und Tiefen. Freud und Leid. Lob und Klage. Ob es uns gefällt oder nicht – auch die Bibel mutet uns immer wieder solche Spannung zu. Zwischen Aussergewöhnlichem und ganz gewöhnlichem. Zwischen Himmlischem und Irdischem. Zwischen Weltbewegendem und Alltäglichem. Hier am Anfang der Apostelgeschichte folgt auf Auffahrt und Himmelfahrt – eben eine schlichte und unspektakuläre Ersatzwahl ins Zwölfergremium der Apostel.

Wie ging diese Versammlung bei der Wahl vor? Zunächst fällt eine gewisse Nüchternheit auf. Wir treffen auf Elemente im Prozedere, die wir kennen, die uns vertraut sind – und auf Elemente, die uns eher fremd anmuten. Das Ganze könnte man lesen als Anregung im Blick darauf, wie wir Entscheidungen fällen.

Vier Elemente fallen auf:

Das Kriterium
So muss nun einer von diesen Männern, die bei uns gewesen sind die ganze Zeit über, als der Herr Jesus unter uns ein- und ausgegangen ist – von der Taufe des Johannes an bis zu dem Tag, an dem er von uns genommen wurde –, mit uns Zeuge seiner Auferstehung werden. (21-22)
Es beginnt mit einem verständlichen und einleuchtenden Kriterium. Diese Person muss den gleichen Anforderungen genügen wie die übrigen Apostel, muss mit Augenzeugenschaft die gleiche Spanne abdecken. Sofort überlege ich mir: beginnen wir wichtige Entscheidungen auch so? Beginnen wir auch mit einem oder mehreren klaren Kriterien? Du und ich. Wir als Gemeinschaft. Machen wir uns auch zuerst Gedanken über die matchentscheidenden Kriterien, bevor wir die konkreten Handlungsvarianten prüfen, bevor wir uns auf die Suche nach geeigneten Personen machen? Man sieht deutlich, dass das Prozedere mit nüchternem, klarem Denken beginnt.

Die Kandidaten
Und sie stellten zwei auf: Josef, genannt Barsabbas, mit dem Beinamen Justus, und Matthias (23)

Kennen wir das auch? Wir denken nach. Wir überlegen. Wir stellen Kriterien auf – und stehen dann mit zwei guten Varianten da. Die Versammlung damals hatte nicht nur einen, sondern zwei gleich valable Kandidaten. Sie erfüllten beide das geforderte Kriterium. Damit entsteht eine Pattsituation. Das nüchterne, klare Denken hat zwar zu einem eindeutigen Kriterium, aber nicht zu einem eindeutigen Ergebnis geführt. Nun geht es für unsere westliches Empfinden überraschend weiter …

Das Gebet

... und (sie) beteten und sprachen: Herr, der du aller Herzen kennst, zeige an, welchen du erwählt hast von diesen beiden, damit er diesen Dienst und das Apostelamt empfange, das Judas verlassen hat, um an den Ort zu gehen, wohin er gehört. (24-25)

Sie beten. Sie reden mit dem lebendigen Gott. Sie bitten ihn um Leitung, um „Anzeige“, in welche Richtung es gehen soll. Eine wunderschöne Gottesanrede übrigens: der du aller Herzen kennst. Die Menschen damals und wir heute haben es mit dem Gott zu tun, der die Herzen kennt: Meines, Deines – das von allen. Oft bleiben uns Motive – unsere eigenen und die anderer Menschen verschlossen und rätselhaft. Aber der lebendige Gott behält hier den Durchblick. Und dann auch dies: das Gebet ist so wohltuend kurz und knapp. Es gibt in der Bibel auch lange Gebete – aber dieses hier ist sec und aufs Wesentliche fokussiert. Manchmal frage ich mich, ob wir nicht diese Tradition des kurzen Betens wieder entdecken müssten. Mitten im Alltag. Mitten im Prozess. Mitten in den Entscheidungen. Einfach kurz beten! Weshalb eigentlich nicht? Vielleicht muss das unsere westliche Christenheit neu lernen. Ich zähle mich da auch dazu.

Die Methode

Und sie warfen das Los über sie und das Los fiel auf Matthias; und er wurde zugeordnet zu den elf Aposteln. (26)

Die Methode überrascht mich! Ich habe noch keine Entscheidung so getroffen. Hier greifen sie nach diesem erfrischend kurzen Gebet zum Los. Das Los soll in dieser Pattsituation entscheiden. Es fällt auf Matthias.

Nun kann man natürlich mit gutem Recht diese Methode kritisieren. Sie ist uns fremd. Doch Hand aufs Herz: Hat nicht jede Methode auch Nachteile? Oder: Haben unsere Methoden, wie wir zu Entscheidungen kommen, nur Vorteile? Der Vorteil des Losverfahrens – wenn es korrekt angewandt wird – ist der, dass menschliche Komponenten zurücktreten. Bei Wahlen und Ersatzwahlen spielen ja oft auch soziale Faktoren, Stand und Stellung, Äusserlichkeiten, Eloquenz in der Präsentation etc. eine Rolle. Diese Aspekte werden durch das Los in die Schranken gewiesen.

Eine christliche Gemeinschaft hat etwas von dieser Tradition bewahrt. Es sind die Herrnhuter – gegründet vom Ökumeniker Nikolaus Graf von Zinzendorf. Ihm und seiner Gemeinschaft verdanken wir unter anderem das Losungsbüchlein – Bibelworte für jeden Tag. Sie kannten in ihrer Geschichte auch den Losentscheid für wichtige Entscheidungen. Interessanterweise in drei Varianten: Ja – Nein – Warten.

Ich komme zum Schluss. Tag für Tag müssen wir entscheiden. Kleine Dinge, die es zu entscheiden gilt. Und manchmal eben auch grosse Fragen wie Partnerwahl, Stellensuche, Zügeln an einen anderen Ort, Wohnungssuche, Hypothekenentscheide usw usf. Nehmen wir uns die Zeit, da zuerst die wichtigen Kriterien herauszuschälen? Haben wir den Mut, unseren Gott um sein Leiten zu bitten – auch wenn das Gebet erfrischend kurz ist? Und können wir es auch akzeptieren, wenn die Antwort ein Ja, ein Nein – oder die Aufforderung zum Warten ist?

AMEN!

Alle!

Als das Pfingstfest kam, waren wieder alle, die zu Jesus hielten, versammelt. Plötzlich gab es ein mächtiges Rauschen, wie wenn ein Sturm vom Himmel herabweht. Das Rauschen erfüllte das ganze Haus, in dem sie waren. Dann sahen sie etwas wie Feuer, das sich zerteilte, und auf jeden ließ sich eine Flammenzunge nieder. Alle wurden vom Geist Gottes erfüllt und begannen in anderen Sprachen zu reden, jeder und jede, wie es ihnen der Geist Gottes eingab. Nun lebten in Jerusalem fromme Juden aus aller Welt, die sich hier niedergelassen hatten. Als sie das mächtige Rauschen hörten, strömten sie alle zusammen. Sie waren ganz verwirrt, denn jeder hörte die Versammelten, die Apostel und die anderen, in seiner eigenen Sprache reden. Außer sich vor Staunen riefen sie: »Die Leute, die da reden, sind doch alle aus Galiläa! Wie kommt es, daß jeder von uns sie in seiner Muttersprache reden hört? Wir kommen aus Persien, Medien und Elam, aus Mesopotamien, aus Judäa und Kappadozien, aus Pontus und aus der Provinz Asien, aus Phrygien und Pamphylien, aus Ägypten, aus der Gegend von Zyrene in Libyen und sogar aus Rom. Wir sind geborene Juden und Fremde, die sich der jüdischen Gemeinde angeschlossen haben, Insel- und Wüstenbewohner. Und wir alle hören sie in unserer eigenen Sprache die großen Taten Gottes verkünden!«
Erstaunt und ratlos fragten sie einander, was das bedeuten solle. Andere machten sich darüber lustig und meinten: »Die Leute sind doch betrunken!«
(Apostelgeschichte 2,1-13)

Liebe Schwestern und Brüder,
Liebe Gemeinde,

wisst Ihr, was ist eines der häufigsten Sujets auf Briefmarken ist – vielleicht das häufigste überhaupt? Es ist eine Mutter mit Kind. Richtig, es ist Maria mit dem Jesuskind. Weihnachten – da kann man sich etwas darunter vorstellen: der Beginn eines neuen Lebens in dieser Welt. Ein Baby. Mutter mit Kind. Maria mit dem kleinen Jesus.

Und Karfreitag? Haben wir eine Vorstellung vom Karfreitag? Wir alle haben vom Tod gehört, vom Tod gelesen. Fast alle von uns haben nahestehende Menschen durch den Tod verloren. Viele von uns haben sogar hautnah miterlebt, wie es ist, die letzten Monate, Tage, Stunden eines sterbenden Menschen zu begleiten. Ja, wir können uns etwas darunter vorstellen. Doch der Tod von Jesus geht darüber hinaus. Er starb wie ein Verbrecher, obwohl er keiner war. Es war eine Hinrichtung – wir ahnen es vielleicht, wie das sein könnte, aber es geht über unsere Vorstellung hinaus.

Und Ostern? Da kommt dieser Eine am dritten Tag vom Tod zurück ins Leben, überwindet und besiegt den Tod, öffnet die Türen zum ewigen Leben - für Dich, für mich, für uns alle. Ehrlich gesagt, das ist viel mehr, als ich mir vorstellen kann. Trotzdem vertraue ich darauf: dieser Jesus von Nazaret, der Gott-mit-uns, der Messias hat an Ostern den Tod überwunden und besiegt. Seine Auferstehung ist das Hoffnungszeichen für uns und für die ganze Welt.

Und Pfingsten? Können wir uns etwas unter Pfingsten vorstellen? Oder wird es da noch schwieriger für uns? Rauschen – das kann ich mir vorstellen (mit einem Tinnitus im linken Ohr sowieso). Ein Sturm – da kann ich mir etwas vorstellen, seit damals „Lothar" reihenweise Bäume umlegte und den Tisch in unserem Garten einige Meter durch die Luft befördert hat. Ein Rauschen, das ein ganzes Haus und die 120 Männer und Frauen im Haus erfüllt – da wird es schon schwieriger. Flammenzungen, die sich auf die 120 verteilen – das sprengt meine Vorstellung. Ein Sprachenwunder – ich stelle mir das am ehesten so vor, wie wenn man an einer Konferenz in den Dolmetscherraum geht, wo der gleiche Inhalt parallel in 20 oder 50 Sprachen übersetzt wird. Ein riesiges Stimmengewirr aus lauter sinnvollen Worten.

Wir feiern heute Pfingsten. Wir feiern den Geburtstag der Kirche. Wir feiern das Wunder der Gemeinschaft, die Menschen in aller Unterschiedlichkeit zusammenbringt und mit dem gleichen Geist erfüllt und beflügelt. Wir feiern die Tatsache, dass das Evangelium von Jesus die Grenzen einer bestimmten ethnischen Gruppe (Judentum), eines bestimmten geographischen Raumes (Israel-Palästina) und einer bestimmten Sprache (Hebräisch-Aramäisch) sprengt. Das, was mit Jesus begonnen hat, hat eine umfassende, eine globale Dimension. Das wird hier angedeutet mit einer Aufzählung von gegen 20 geographischen Bezeichnungen:

Wir kommen aus Persien, Medien und Elam, aus Mesopotamien, aus Judäa und Kappadozien, aus Pontus und aus der Provinz Asien, aus Phrygien und Pamphylien, aus Ägypten, aus der Gegend von Zyrene in Libyen und sogar aus Rom. Wir sind geborene Juden und Fremde, die sich der jüdischen Gemeinde angeschlossen haben, Insel- und Wüstenbewohner. Und wir alle hören sie in unserer eigenen Sprache die großen Taten Gottes verkünden!

Mir gefällt diese Aufzählung! Sie ist eine kleine Lektion in Geographie der damaligen römischen Zeit. Eine bunte Schar, die sich da am Pfingstfest in Jerusalem aufhielt. Die Menschen, die das Pfingstwunder miterleben, kommen aus einem geographischen Bogen, der – in heutigen Bezeichnungen gesprochen - von Iran/Irak bis hin nach Italien reicht. Das eigentliche Wunder fassen diese Leute in den Satz zusammen: wir alle hören sie in unserer eigenen Sprache die großen Taten Gottes verkünden!

Wenn Menschen vom Gottesgeist erfasst, erfüllt und beflügelt werden, dann beginnen sie die grossen Taten Gottes zu verkünden. Und das nicht nur in einer Sprache, sondern in vielen Sprachen. Konkret bedeutet das Geschehen hier: die Grosstaten des lebendigen Gottes, das Evangelium von Jesus Christus, dem Gekreuzigten und Auferstandenen richtet sich an alle Menschen – unabhängig davon, welcher Sprach- und Volksgemeinschaft sie angehören. So verwundert es nicht, dass der Seher Johannes in der Offenbarung folgendes schildert, als er einen Blick in die himmlische Welt werfen darf:

Danach sah ich, und siehe, eine grosse Schar, welche niemand zählen konnte, aus allen Nationen und Stämmen und Völkern und Sprachen, vor dem Thron stehend und vor dem Lamm, angetan mit weissen Kleidern und Palmen in ihren Händen. (Offb 7,9 vgl 5,9)

Doch jedes wirkliche Wunder hat auch seine Kritiker und Spötter – so auch hier. „Die sind doch betrunken!" Die haben einen Rausch! Die sind nicht ganz bei Trost! Nun ist das eine hoch interessante Kritik, die natürlich einer näheren Überprüfung nicht stand hält. Denn Alkoholkonsum führt ja erfahrungsmässig nicht dazu, dass die Konsumenten in Fremdsprachen verständliche Mitteilungen von sich geben – oder? Ich habe auf jeden Fall noch nie von solchen Wirkungen des Alkohols gehört ... Eines können wir daraus lernen: jedes Wunder – und sei es auch noch so konkret und mit Händen zu greifen – findet Menschen, die eine andere Erklärung geben werden als die, dass da Gott am Werk war. Das sollte uns nicht verwundern, schon an Pfingsten war es so.

Noch etwas macht mich nachdenklich am Pfingstwunder. Wir in der westlichen Welt haben die Tendenz, den Plural zum Singular zu machen. Das führt dazu, dass wir beim Lesen der Bibel Aussagen, die auf die Gemeinschaft bezogen sind, als Aussagen lesen, die von Einzelnen reden. Ein klassisches Beispiel ist die geistliche Waffenrüstung, die der Apostel Paulus im Epheserbrief Kapitel 6,10-17 schildert. Obwohl dort die Aussagen im Plural stehen, sehen wir vor unserem inneren Auge einen einzelnen römischen Soldaten. Ähnlich ist es hier. Wenn wir heute von der Erfüllung mit dem Heiligen Gottesgeist reden, dann denken wir vom Einzelnen her. Der eine ist etwas mehr erfüllt vom Geist – der andere weniger – eine dritte Person ist halbwegs erfüllt - und eine vierte gar nicht ... An Pfingsten ist es ganz anders! Hier aber werden alle zusammen erfüllt! Alle 120. Das ist das Wunder von Pfingsten: die ganze Gemeinschaft mit allen Einzelnen wird von Gottes Geist so erfüllt, dass sie von Gottes grossen Taten zu reden beginnen in ganz verschiedenen Sprachen. Dieser kleine, verängstigte Haufen bekommt einen Mut, der das Normalmass weit übersteigt. Ihre Zungen werden gelöst und befreit. Sie reden von Gottes grossen Taten. Sie reden vom Evangelium, von der guten Nachricht, von Jesus, dem Gekreuzigten und Auferstanden. Das ist die Wirkung des Geistes. Das ist Pfingsten.

Liebe Schwestern und Brüder, Liebe Gemeinde,

Pfingsten erinnert uns daran, dass dieser Mut, dieses Lösen der Zungen, dieses Sprengen von menschlichen Grenzen, dieses Reden von den Grosstaten Gottes und vom Evangelium Jesu Christi nicht etwas ist, das wir aus uns selbst produzieren können. Dazu braucht es den Gottesgeist, der uns erfüllt und beflügelt. Deshalb feiern wir Pfingsten!

AMEN.

Der Fokus auf Jesus

Da trat Petrus auf mit den Elf, erhob seine Stimme und redete zu ihnen: Ihr Juden, liebe Männer, und alle, die ihr in Jerusalem wohnt, das sei euch kundgetan, und lasst meine Worte zu euren Ohren eingehen! Denn diese sind nicht betrunken, wie ihr meint, ist es doch erst die dritte Stunde am Tage; sondern das ist's, was durch den Propheten Joel gesagt worden ist: (...) Ihr Männer von Israel, hört diese Worte: Jesus von Nazareth, von Gott unter euch ausgewiesen durch Taten und Wunder und Zeichen, die Gott durch ihn in eurer Mitte getan hat, wie ihr selbst wisst – diesen Mann, der durch Gottes Ratschluss und Vorsehung dahingegeben war, habt ihr durch die Hand der Heiden ans Kreuz geschlagen und umgebracht. Den hat Gott auferweckt und hat aufgelöst die Schmerzen des Todes, wie es denn unmöglich war, dass er vom Tode festgehalten werden konnte. (...). Diesen Jesus hat Gott auferweckt; dessen sind wir alle Zeugen. Da er nun durch die rechte Hand Gottes erhöht ist und empfangen hat den verheissenen heiligen Geist vom Vater, hat er diesen ausgegossen, wie ihr hier seht und hört. (...) So wisse nun das ganze Haus Israel gewiss, dass Gott diesen Jesus, den ihr gekreuzigt habt, zum Herrn und Christus gemacht hat. (Apg 2,14-36 in Auszügen – bitte den ganzen Text lesen)

Liebe Schwestern und Brüder, Liebe Gemeinde!

Als Giovanni Trapattoni, der legendäre Trainer des FC Bayern München, am 10. März 1998 nach der 0:1 Niederlage seiner Mannschaft gegen den FC Schalke 04 vor die Medien trat, war er wütend – sehr wütend sogar. In gebrochenem Deutsch brüllte er in die Mikrophone. Einen seiner Spieler charakterisierte er wenig schmeichelhaft als „schwach wie eine Flasche leer“. Nach knapp dreieinhalb Minuten war die Wutrede des feurigen Trainers vorbei. Sein damaliger Auftritt hat inzwischen Kultstatus erlangt – wie die Spitzenwerte auf der Video-Plattform Youtube belegen.

Ich weiss: Die Pfingstrede des Petrus mit diesem Auftritt des Fussballtrainers zu vergleichen, ist kühn. Es gibt ohne Zweifel viel mehr Unterschiede als Gemeinsames. Doch zwei überraschende Gemeinsamkeiten sollen trotzdem kurz erwähnt werden. Zum einen ist es die Leidenschaft, mit der beide ihr Anliegen vertreten. Weder beim Apostel noch beim Fussballtrainer ist das zahmes Wasser. Nein! Es ist vielmehr energiegeladene, engagierte, herausfordernde Anrede der Zuhörer. Allerdings ist bei Petrus – im Gegensatz zum Fussballtrainer – keine Wut erkennbar, sondern viel eher Humor am Anfang seiner Rede. Da nämlich, als er darauf hinweist, dass seine Glaubensgenossen doch nicht betrunken sind – es sei ja erst 9 Uhr morgens! Zum anderen war ich überrascht, als ich auf einer Hör-CD die Dauer der Pfingstpredigt überprüfte. Knappe vier Minuten sind es – nur unwesentlich länger als Trapattonis Wutrede an der Medienkonferenz. Allerdings ist kaum vorstellbar, dass die Pfingstpredigt im Original dermassen kurz war. Vielmehr ist davon auszugehen, dass Lukas in seiner Apostelgeschichte eine kompakte Zusammenfassung der wesentlichen Inhalte der Pfingstpredigt – sozusagen den roten Faden – bietet, was in der antiken Geschichtsschreibung vollkommen akzeptiert und gängig war.

Es gibt öffentliche Reden wie Sand am Meer. Die meisten sind schnell gehalten und genauso schnell wieder vergessen. Doch ein paar wenige Reden der Geschichte sind von ganz anderer Qualität. Sie lassen aufhorchen. Sie verändern den Gang des Lebens und den Gang der Geschichte. Sie erschüttern die Zuhörer im Innersten. Sie bleiben unvergessen. Wir denken im 20. Jahrhundert vielleicht an die blood, toil, tears und sweat -Rede des englischen Premiers Winston Churchill (13. Mai 1940) oder an das unvergessliche I have a dream des amerikanischen Bürgerrechtlers Martin Luther King (28. August 1963). Die Pfingstrede von Petrus gehört auf jeden Fall in diese Liga. Sie markiert einen tiefen Einschnitt in der Geschichte. Sie markiert den Geburtstag der Kirche. Mehr noch: Es ist die erste Rede der christlichen Kirche, die erste christliche Predigt überhaupt. In ihr wird deutlich, was das Thema – was der Inhalt – was die Botschaft dieser Kirche aus Juden und Heiden überhaupt ist.

Die Pfingstpredigt ist – verkürzt gesagt – Messlatte für das, was christliche Botschaft, was Verkündigung des Evangeliums überhaupt ist.

Ich möchte das mit einem Vergleich illustrieren. Im revolutionsbewegten Frankreich wurde 1791 auf Vorschlag der Akademie der Wissenschaften der Meters als universelle Längeneinheit diskutiert und 1793 gesetzlich eingeführt. Dieses Mass wurde durch den sogenannten „Urmeter" (oder „Archivmeter") verkörpert. Seit 1795 war dies ein erster Urmeter aus Messing, der bereits 1799 von einem zweiten aus Platin und schliesslich 1889 von einem dritten aus einer Legierung Platin (90%)- Iridium (10%) abgelöst wurde. Während mehr als hundert Jahren wurde tatsächlich am Urmeter Mass genommen!

Hier in der Pfingstpredigt haben wir - zusammen mit der apostolischen Verkündigung insgesamt natürlich – sozusagen den Urmeter der christlichen Botschaft, den Urmeter der Verkündigung des Evangeliums. Hier können, sollen und müssen wir immer wieder Mass nehmen. Ich meine weniger ein Mass nehmen an Form und Stil, sondern vielmehr ein Mass nehmen am Inhalt. Was sind die Kennzeichen dieses Urmeters?

Die christliche Botschaft, die Verkündigung des Evangeliums hat zwingend mit den Fragen der Menschen zu tun

Im Anschluss an das Wunder von Pfingsten, dass nämlich verschiedene Menschen in ganz verschiedenen Sprachen die grossen Taten Gottes verkündeten, lag die Frage der Menschen auf der Hand: Was ist denn da passiert? Und was hat das zu bedeuten? Dem Jesusjünger und Apostel Petrus war aber auch nicht entgangen, dass schon eine handfeste Deutung des Geschehens in der Luft lag: Die sind schlicht und einfach betrunken! Doch wenn man das genauer überlegt, dann merkt man sofort, dass das keine bestechende Logik ist. Betrunkene reden normalerweise nicht verständlicher, sondern eben unverständlicher. Und vor allem reden sie schon gar nicht deutlich und vernehmbar in menschlichen Sprachen, die sie nicht gelernt haben … Petrus nimmt sich nun Zeit und widmet den ersten Teil seiner Predigt den Fragen seiner Zuhörer. Er nimmt dieses Fragen ernst und deutet das Geschehene im Horizont von Worten des Propheten Joel, die seinem jüdischen Publikum wohl bekannt waren.

Hier gilt es, Mass zu nehmen – gerade heute. Christliche Botschaft, Verkündigung des Evangeliums muss immer mit den realen Fragen der realen Menschen zu tun haben. Manchmal liegen diese Fragen so klar und unmittelbar auf der Hand wie damals. Manchmal sind es auch schlicht und einfach die tiefen Fragen, die uns Menschen überhaupt beschäftigen: Wo kommen wir her? Wo gehen wir hin? Wo stehen wir jetzt? Wie sollen wir leben? Wie geht es weiter, wenn wir versagt haben? Wo finden wir Zuflucht und Halt in den Wechselfällen des Lebens? Wo finden wir Hoffnung, die uns im Leben und im Sterben trägt? Diese Fragen sind nicht einfach lästige Fliegen, die es zu verscheuchen gilt. Im Gegenteil: das Evangelium von Jesus - und deshalb auch die Verkündigung des Evangeliums! – hat genau mit diesen ganz existentiellen Fragen zu tun. Jede Kirche, egal welcher Couleur, muss sich das immer wieder fragen: Nehmen wir die unmittelbaren und die existentiellen Fragen – unsere eigenen und die der Menschen um uns – wirklich ernst? Und: Haben wir entdeckt, dass das Evangelium genau in dieses Fragen hinein redet?

Die christliche Botschaft, die Verkündigung des Evangeliums fokussiert auf Jesus

Herzstück der christlichen Botschaft ist, dass der lebendige Gott uns in diesem Jesus von Nazareth begegnet und uns in ihm sein Gesicht zeigt. Wer Gott ist und wie Gott ist – das erkennen wir in Jesus. Deshalb fokussiert Petrus in seiner Predigt auf Jesus. Er erzählt diese Geschichte, die es immer wieder neu zu erzählen gilt. Und er stellt diese Geschichte in den Rahmen der grossen Geschichte Gottes mit uns Menschen und mit seinem Volk Israel. Und weil der Apostel Petrus hier zu einem jüdischen Publikum redet, darum kann er diese Geschichte voraussetzen und er bezieht sich darauf mit diesen Zitaten aus dem

Propheten Joel und dem Psalmenbuch. Diese Gottes-Geschichte mit unserer Welt ist nun in Jesus zum Höhepunkt und Wendepunkt gekommen. Zentral ist dabei das Kreuz. Die Erinnerung daran war bei den Zuhörern von Petrus noch ganz frisch. Und Petrus erinnert sie auch, dass ein Teil von ihnen damals sogar die Kreuzigung gefordert hatte. (Das hat nichts mit Antisemitismus zu tun! Petrus redet als Jude zu einem jüdischen Publikum. Es gilt insbesondere, die sorgfältigen formulierten Anreden zu beachten!) Der Hohe Rat hatte seinen Anteil an der Kreuzigung, aber auch Menschen auf der Strasse. Ausgeführt wurde die Kreuzigung dann ohne Zweifel von römischen Soldaten, nachdem der römische Statthalter grünes Licht für die Hinrichtung gegeben hatte. Wenn wir das Kreuz sehen, dann sehen wir, wie der lebendige Gott in Jesus ganz in die menschlichen Abgründe hineingeht – sich identifiziert mit unserer Schuld, mit unserem Versagen, mit unserem Schmerz.

Wenn wir uns fragen, ob und wie die Kirche heute in der westlichen Welt und wir als einzelne Christinnen und Christen noch diese Fokussierung auf Jesus kennen und erkennbar vertreten, dann bin ich selbstkritisch der Überzeugung, dass wir gerade hier wieder neu Mass nehmen müssen an der Verkündigung der Apostel und der ersten Christenheit. Die Gefährdung droht auf beiden Seiten der Gratwanderung, die uns aufgetragen ist. Einerseits droht die christliche Botschaft gegenwärtig zu einem sehr allgemein gehaltenen Reden von einem höheren Wesen Gott zu verflachen, das niemanden herausfordert und kaum jemanden ärgert. Auf dieser Linie wird dann der Kern der christlichen Botschaft schlicht verschwiegen: dass nämlich der lebendige Gott uns nicht irgendwo begegnet, sondern eben in diesem Jesus. Auf der anderen Seite der Gratwanderung sind vor allem fromme Menschen gefährdet. Das eigene Erleben, das Ich und die subjektiven Gefühle bekommen so viel Gewicht, dass die schlichten Eckdaten der Jesus-Geschichte dadurch in den Hintergrund verdrängt werden.

Die christliche Botschaft, die Verkündigung des Evangeliums hat einen klar erkennbaren Schwerpunkt in Jesu Kreuz, Auferstehung und Erhöhung

Wenn von Jesus gesprochen wird, dann ist hier beim Apostel Petrus auffallend, dass sich dieses Reden an drei Fixpunkten kristallisiert. Jesus ist der Gekreuzigte, Auferstandene und Erhöhte. Wir kennen entsprechend die Feiertage Karfreitag, Ostern, Himmelfahrt. Doch gerade die Auferstehung Jesu an Ostern hat ein viel stärkeres Gewicht, als wir das landläufig meinen. Mit Ostern bricht schlicht eine neue Zeit an: Die Zeit zwischen der Auferstehung des Einen und der allgemeinen Auferstehung der Toten. Die Schranke des Todes ist am Ostertag in der Auferstehung Jesu Christi an entscheidender Stelle durchbrochen worden. Ostern ist der Anfang vom Ende für die Grossmacht des Todes. Unsere Hoffnung als Christinnen und Christen ist Osterhoffnung. Dass wir auferstehen werden wie er bereits auferstanden ist. Die frühe Christenheit hat uns ein deutliches Signal hinterlassen – indem sie den wöchentlichen Feiertag als Oster-Feiertag neu definiert hat. Die Botschaft ist die: Jede Woche soll die ganze Kirche die Auferstehung Jesu preisen.

Die frühe Christenheit hat ihre Überzeugung in einem kurzen Bekenntnis auf den Punkt gebracht mit den Worten: Jesus ist Herr. Damit ist die Erhöhung angesprochen. Gemeint ist: Dieser Jesus ist nicht irgendwer. Er ist jetzt in eine herausragende Stellung eingesetzt. Er ist König der Könige und Herr aller Herren. Vor ihm werden alle Menschen Rechenschaft abzulegen haben über Tun und Lassen. Er hat den Namen über alle Namen. Welche Kühnheit, das so zu sagen! Wenn wir alle Herrscher dieser Welt – die vergangenen, gegenwärtigen und zukünftigen … Wenn wir alle „grossen“ Namen aussprechen, die in der Zeitungen und in den Geschichtsbüchern stehen, und dann bekennen, dass der Name Jesu über all diesen Namen steht – welche Kühnheit! Wie es dieses uralte christliche Lied besingt: „Darum hat ihn auch Gott erhöht und hat ihm den Namen gegeben, der über alle Namen ist, dass in dem Namen Jesu sich beugen sollen aller derer Knie, die im Himmel und auf Erden und unter der Erde sind, und alle Zungen bekennen sollen, dass Jesus Christus der Herr ist, zur Ehre Gottes, des Vaters.“ (Philipper 2,9-11)

Die christliche Botschaft, die Verkündigung des Evangeliums konfrontiert Menschen damals und heute mit der Frage: Anerkennt Ihr den Anspruch Jesu als Messias Israels und Herrn der Welt? Bekennt Ihr ihn als König der Könige und Herrn aller Herren?

Dieses Aussprechen ist wichtig. Doch damit kommen wir definitiv in einen Grenzbereich. Genau da kommt der Heilige Geist und damit Pfingsten ins Spiel. Das Entscheidende kann nur der lebendige Gott selbst bewirken, der seinen Geist ausgiesst. Wir hören die Zusage von Pfingsten, dass Gottes Geist jetzt nicht mehr einer exklusiven Elite verheissen ist, sondern letztlich allen Menschen, die sich dem lebendigen Gott zuwenden und sich der Realität dieser Jesus-Geschichte anvertrauen. Glaube, Hoffnung, Liebe sind die Früchte, die der Gottes-Geist in unserem Leben wirkt. Und dann heisst es nicht mehr: „Flasche leer“ – sondern: „Flasche voll!“ Darum beten wir mit der Kirche aller Zeiten: Komm, Heiliger Geist, komm!

AMEN!

Was sollen wir tun?

Als sie aber das hörten, ging's ihnen durchs Herz und sie sprachen zu Petrus und den andern Aposteln: Ihr Männer, liebe Brüder, was sollen wir tun? Petrus sprach zu ihnen: Tut Buße und jeder von euch lasse sich taufen auf den Namen Jesu Christi zur Vergebung eurer Sünden, so werdet ihr empfangen die Gabe des Heiligen Geistes. Denn euch und euren Kindern gilt diese Verheißung und allen, die fern sind, so viele der Herr, unser Gott, herzurufen wird. Auch mit vielen andern Worten bezeugte er das und ermahnte sie und sprach: Lasst euch erretten aus diesem verkehrten Geschlecht! Die nun sein Wort annahmen, ließen sich taufen; und an diesem Tage wurden hinzugefügt etwa dreitausend Menschen. (Apg 2,37-41)

Liebe Schwestern und Brüder, Liebe Gemeinde!

Seid Ihr schon einmal unbeabsichtigt in eine Sackgasse gefahren? Seid Ihr einmal in einen Zug gestiegen – und nach einiger Zeit habt ihr beim Blick aus dem Fenster oder auf Grund der Ansagen des Zugpersonals bemerkt, dass dieser Zug gar nicht an Euren Zielort fährt? Seid Ihr schon einmal auf einem „falschen Dampfer“ gelandet?

Es ist uns allen klar, was dann zu tun ist! In der Sackgasse müssen wir wenden und zurück fahren. Aus dem Zug müssen wir beim nächsten Halt aussteigen, eine neue Zugverbindung suchen und dann einen anderen Zug besteigen. Wer auf dem falschen „Dampfer“ gelandet ist, muss ihn bei der nächsten Gelegenheit wieder verlassen. Vielleicht ist uns das peinlich – vor allem dann, wenn noch andere dabei sind, die darauf vertraut haben, dass wir den Weg kennen und wissen, was zu tun ist. Vielleicht geht es uns an den Stolz, wenn wir uns und anderen eingestehen müssen, dass wir uns geirrt und verirrt haben.

So weit, so klar. Das, was der Jesusjünger und Apostel Petrus damals an Pfingsten den Frauen und Männern in Jerusalem verkündigt hat, war wie ein lauter Zuruf: Ihr seid in einer Sackgasse gelandet – kehrt um! Ihr seid im falschen Zug, auf dem falschen Dampfer – steigt aus! Und doch: wir müssen viel drastischere Vergleiche wählen, um der Sache wirklich auf die Spur zu kommen.

Ihr habt das vielleicht auch schon gesehen, wie Kinder und Erwachsene im Winter auf Plastiksäcken oder Schläuchen einen Hang mit Schnee oder Eis hinunterrutschen – vielleicht seid ihr auch schon selber so gerutscht. Wir kommen der Sache schon näher, wenn wir uns einen steilen, vereisten Hang vorstellen. Zuerst ist das Rutschen noch ein Vergnügen. Es wird gelacht und gescherzt. Doch je länger das geht und je mehr sich die Fahrt auf dem Plastiksack oder dem Schlauch beschleunigt, desto schneller nähern wir uns dem kritischen Punkt, wo die Rutschpartie komplett ausser Kontrolle gerät. Wenn man jetzt auf eine Gruppe von Leuten oder auf ein Hindernis wie beispielsweise einen strammen Baum zusteuert, dann bringt es wenig, wenn ein Beobachter von der Seite her zuruft: „Pass auf! Halte an! Kehr um!“ Genau das geht dann eben gar nicht mehr. Wir sind jetzt ausgeliefert und können aus eigener Kraft das Unheil nicht mehr abwenden. Dann brauchen wir schlicht und einfach jemanden, der sich in den Weg stellt oder wirft, um das Unheil abzuwenden und unser Gefährt, das da durch die Landschaft schiesst, zum Stillstand zu bringen. Mit anderen Worten: wir brauchen jemanden, der von aussen eingreift, uns da rausholt und uns in Sicherheit bringt. Wir brauchen einen Retter.

Genau davon redet Petrus in seiner Pfingstpredigt. Im Bild gesprochen hat er den Leuten gesagt: Ihr - das Gottesvolk - seid schon lange auf einer gefährlichen Rutschpartie. Alles ist ausser Kontrolle geraten und ihr rast samt Eurem Gefährt auf gravierendes Unheil zu. Doch jetzt kommt Hilfe von aussen: der Retter ist auf den Plan getreten. Dieser Retter ist Gott selbst, der uns im gekreuzigten und auferstandenen Jesus sein Gesicht zeigt. Lasst Euch von ihm retten!

Schauen wir uns gemeinsam vier Aspekte unseres faszinierenden Bibelworts an!

Erstens: da ist zunächst einmal diese Erschütterung der Zuhörer! Als sie aber das hörten, ging's ihnen durchs Herz und sie sprachen zu Petrus und den andern Aposteln: Ihr Männer, liebe Brüder, was sollen wir tun? Wie geht das denn, so frage ich mich, dass eine Predigt nicht nur zu Herzen geht, sondern mitten durchs Herz geht? Kann man das an einem Seminar oder einer Universität lernen, so zu predigen? Hat das einfach mit natürlichen oder erworbenen menschlichen Fähigkeiten zu tun? Oder ist da mehr im Spiel? Wenn wir Petrus anschauen, dann denken wir daran, dass er drei Jahre lang beim besten Meister in die Lebensschule ging. Jesus, der Herzenskenner und Verkündiger par excellence, war sein Lehrer. Einen besseren Lehrer kann ich mir nicht vorstellen. Das ist sicher nicht spurlos an Petrus vorüber gegangen. Diese intensive Zeit mit Jesus hat ihn geprägt und geformt. Viel hat er in diesen Jahren gelernt. Doch damit ist die Wirkung der Pfingstpredigt noch nicht erklärt. Etwas Entscheidendes fehlt. Da ist der Heilige Geist – die starke Kraft Gottes, die Petrus jetzt erfüllt und beflügelt. Die Wirkung der Predigt ist keine menschliche Leistung von Petrus, sondern schlicht und ergreifend Wirken des Gottesgeistes durch ihn.

Zweitens: die Reaktion des Publikums mündet in eine Frage. Was für eine gewaltige Sache, wenn zum wirklichen Hören und echter Erschütterung das Fragen kommt! Sie sagen nicht einfach: „schöne Predigt!“ oder „eindrückliche Predigt!“ – und dann geht es im Leben einfach weiter wie bisher. Sie stellen eine Frage, die zeigt, dass der Gottesgeist gewirkt hat und dass sie das Gehörte nicht loslässt. Sie fragen nach dem nächsten Schritt: Was sollen wir tun?

Nun ist es wichtig, dass wir das richtig einordnen. Die Zuhörer damals und wir heute können nichts tun für die eigene Rettung. Wir sind bildlich gesprochen in unheimlich beschleunigter Fahrt unterwegs aus vereistem Terrain mit unserem Plastiksack. Wir müssen von aussen aus dieser misslichen Lage befreit werden, sonst kommt es zum Crash. Wir reden jetzt nicht von der Zubereitung einer Mahlzeit, von Routinevorgängen im Geschäft und vom Verschicken einer Geburtstagseinladung. Wir reden jetzt von den tiefsten Dingen unseres menschlichen Lebens, jetzt geht es um die matchentscheidenden Dinge für Zeit und Ewigkeit. Da kann nur der lebendige Gott uns retten – und er tut es in Jesus, dem Gekreuzigten und Auferstandenen.

Aber wir können etwas tun, um zu zeigen, dass wir diesem Retter Tür und Tor öffnen, dass wir ihn annehmen und aufnehmen, dass wir ihm dankbar sind für sein rettendes Eingreifen, dass wir ihn anerkennen und bekennen als König der Könige und Herrn aller Herren. Sicher können wir Schritte tun, uns gegenüber Gott öffnen - uns öffnen dafür, das Geschenk des Gottesgeistes zu empfangen, der uns erfüllt, uns Kraft gibt, uns aufrichtet, uns tröstet. Aber so gern wir es würden: uns selber mit eigenen Händen aus dem Sumpf unserer Gottesferne ziehen – das geht nicht. Das ist Gottes Tun, wenn es geschieht. Das kann allein Gott tun!

Etwas, das mich beschäftigt: Hat unsere Verkündigung heute wirklich mit den tiefen, existentiellen Fragen der Menschen zu tun? Und im Anschluss an das, was wir da von Petrus hören: Haben wir Christinnen und Christen überhaupt Zeit, bis die Menschen ihre Fragen stellen? Oder sind wir schon mit tausendundeiner Antwort zur Stelle, bevor überhaupt eine Frage gestellt wird? Ich erinnere mich noch gut an ein Plakat einer christlichen Agentur, das in einer Bahnhofsunterführung hier in der Region hing. Gross war da zu lesen: Ich glaube, dass Jesus Christus der Sohn Gottes ist! Jemand hatte klein von Hand darunter gekritzelt: Habe ich das jemals gefragt? Mir hat das zu denken gegeben. Bei Petrus lernen wir etwas Wichtiges. Vom Gottesgeist gewirkte Verkündigung hat mit den wirklichen Fragen der Zuhörer zu tun – wie das eindrücklich am Anfang der Pfingstpredigt zu sehen ist. Und Gottes Geist wirkt so stark, dass das Publikum im Anschluss an die Botschaft nicht einmal zum Rückfragen aufgefordert werden muss. Sie tun es einfach! Und erst dann antwortet Petrus.

Drittens: Jetzt geht es so richtig los. Mit Pfingsten beginnt das Evangelium von Jesus Kreise zu ziehen wie ein Stein, der ins Wasser geworfen wird. Fast hätte ich gesagt: Jetzt geht es von 0 auf 100. Präziser ist es, wenn wir sagen: Jetzt wird aus einer überschaubaren Gruppe in der Grössenordnung von 120 Personen (vgl Apg 1,15) eine unüberschaubare Gruppe in der Grössenordnung von 3000 Personen (vgl Apg 2,41). Das ist eine Multiplikation um den Faktor 25 – und das auf einen Schlag! Wenn wir das lesen, dann weckt das zuerst einmal Freude. Die Kirche wächst! (Wie sie übrigens auch heute in den meisten Weltgegenden wächst – ausser bei uns im Westen!) Viele auch bei uns sagen, sie wünschen sich ein solches Wachstum der Kirche heute. Doch ich frage: Sind wir auch bereit und willens, den Preis dafür zu bezahlen?

Wir müssen uns einfach im Klaren darüber sein, dass das seinen Preis hat und was dieser Preis ist: es wird unübersichtlicher und organisatorisch aufwändiger. Mit 120 Personen waren uns die Gesichter noch vertraut. Bei 3000 sind wir chancenlos. Doch der lebendige Gott hat vorgesorgt! Mit diesem Megawachstum hat die Kirche an Pfingsten eine doppelte Gestalt erhalten: eine Makrogestalt und eine Mikrogestalt. Die Feiern im grossen Rahmen mit Tausenden und die überschaubaren Zusammenkünfte in den Privathäusern. Je grösser die Kirche wird und je mehr Menschen in den Gottesdiensten mitfeiern, desto mehr braucht sie diese überschaubaren, übersichtlichen Gruppen in den Häusern. Und desto mehr muss sich die Erwartung an Vertrautheit, Überschaubarkeit und Familiengefühl auf diese kleinen Gruppen in den Häusern richten.

Viertens: da ist diese gewaltige Verheissung, die uns alle mit einschliesst. Haben wir sie gehört? Denn euch und euren Kindern gilt diese Verheißung und allen, die fern sind, so viele der Herr, unser Gott, herzurufen wird. Du und ich - wir alle sind da mit gemeint! Nicht nur die Menschen damals, sondern auch wir heute. Nicht nur Juden, sondern Juden und Heiden. Nicht nur Erwachsene, sondern auch Kinder. Die Verheissung gilt allen Menschen an allen Orten zu allen Zeiten. Diese Verheissung ist wie die Einladungskarte zu einem unübertrefflichen Fest: Du und ich – wir sind mit allen Menschen Geladene des lebendigen Gottes, der uns geschaffen und in Jesus Christus gerettet hat. Wir sind eingeladen zur Anerkennung des Retters. Wir sind eingeladen in die Familie des Gottesvolks aus Juden und Heiden. In der Taufe geschieht die sichtbare Einglieder in diese Familie. Und wir sind eingeladen, das Geschenk des Heiligen Geistes zu empfangen, der uns erfüllt, stärkt und tröstet. Diese Verheissung steht seit Pfingsten über jedem Menschenleben. Lassen wir uns darauf ein? Ergreifen wir sie? Und: Geben wir sie weiter?

AMEN!

Ein Stück „Himmel auf Erden“

Sie blieben aber beständig in der Lehre der Apostel und in der Gemeinschaft und im Brotbrechen und im Gebet. Es kam aber Furcht über alle Seelen und es geschahen auch viele Wunder und Zeichen durch die Apostel. Alle aber, die gläubig geworden waren, waren beieinander und hatten alle Dinge gemeinsam. Sie verkauften Güter und Habe und teilten sie aus unter alle, je nachdem es einer nötig hatte. Und sie waren täglich einmütig beieinander im Tempel und brachen das Brot hier und dort in den Häusern, hielten die Mahlzeiten mit Freude und lauterem Herzen und lobten Gott und fanden Wohlwollen beim ganzen Volk. Der Herr aber fügte täglich zur Gemeinde hinzu, die gerettet wurden. (Apg 2,42-47)

Liebe Schwestern und Brüder, Liebe Gemeinde!

Es war Weihnachten – der 25. Dezember 1926 – frühmorgens um 6.50 Uhr. Und es war kalt. Der Bauer Alfred Eberhardt im fribourgischen Ulmiz (in der Nähe von Murten) war gerade mit dem Tränken seines Viehs am Brunnen vor dem Haus beschäftigt, als er plötzlich ein pfeifendes Geräusch hörte. Instinktiv wich er mit dem Kopf zurück. Etwas sauste dicht neben ihm vorbei und zerschellte auf dem Hofplatz. Es roch nach Schwefel. Die aufgeschreckten Kühe flüchteten unter hohen Sprüngen wieder in den Stall zurück. Bauer Eberhardt ging ins Haus, nahm ein Frühstück und als es draussen heller wurde, ging er wieder auf den Hofplatz und hob er mehrere auffallende Gesteinsbrocken vom Boden auf. Sie hatten maximal die Grösse von Nüssen.

Was war geschehen? Die Reste eines Meteoriten waren wie ein Geschoss auf seinem Hofplatz zerschellt. Im Bernbiet hatten verschiedene Zeugen das Aufleuchten dieses Meteoriten beobachtet und darüber berichtet. Zwei Beobachter hatten sogar das Zerplatzen einer Feuerkugel in der Luft gesehen. Zehn Bruchstücke wurden insgesamt gefunden. Zwei kamen in Privatbesitz. Die übrigen acht verkaufte der geschäftstüchtige Bauer ans Naturhistorische

Museum Bern. Der Kaufpreis ist nicht bekannt, aber es wird ein substantieller Betrag gewesen sein. Die Fundstücke wogen insgesamt 76,5 Gramm und wurden minutiös untersucht. Die detaillierten Ergebnisse publizierte der Berner Professor Emil Hugi (1873-1937) unter dem Titel „Der Meteorit von Ulmiz“ in den Mitteilungen der Naturforschenden Gesellschaft in Bern 1929. Sein Untersuchungsbericht umfasste 80 Seiten. Es ist einer der ganz seltenen Fälle eines Meteoriteneinschlags in der Schweiz, bei dem sowohl der Fall beobachtet wurde als auch Gesteinsreste gefunden wurden. Bisher sind nur acht Schweizer Meteoritenniedergänge bekannt. Und nur bei vieren gibt es dazu Berichte über den Fall. Der Meteorit von Ulmiz ist einer davon. Man könnte diese Geschichte auf den Punkt bringen und sagen: „ein Stück Himmel, das auf die Erde fällt.“ (Walter Lüthi 47)

Wenn wir den Bericht von Pfingsten lesen – zuerst die vollmächtige Predigt des Petrus über den gekreuzigten und auferstandenen Jesus (übrigens das erste öffentliche Statement über die Auferstehung Jesu!), dann die enorme Wirkung der Predigt auf 3000 Menschen, die von dieser Botschaft ergriffen wurden und sich taufen liessen – und dann von dieser Gemeinschaft der Kirche, die da entstanden ist, so müssen wir sagen: Hier ist wirklich ein Stück Himmel auf die Erde gefallen. Nicht einfach ein Gesteinsbrocken von irgendwo aus dem All, der kurz aufleuchtete, dann zersprang und jetzt irgendwo in einem Museum zu bestaunen ist als erkaltete Masse. Nein! Da an Pfingsten ist viel mehr passiert. Da hat der lebendige Gott eine neue Seite in seiner Geschichte mit dieser Welt aufgeschlagen. Da leuchtet Gottes Geist in den Herzen dieser Menschen auf und schweisst sie zusammen in einer Art, die bisher unbekannt war. Da entsteht Gemeinschaft mit einer neuen Qualität.

Das kann doch gar nicht sein. Das ist zu schön, um wahr zu sein. Das habe ich noch nie erlebt, deshalb kann es das auch gar nicht geben. Solche kritischen Stimmen melden sich ganz von selbst, wenn dieses Bibelwort aufs Tapet kommt. Ich kann sie auch gut nachvollziehen. Ja, es stimmt! Das, was hier berichtet wird, ist nicht unsere alltäglich-menschliche Erfahrung. Das ist nicht das, worüber unsere Medien tagaus, tagein berichten. Aber das behauptet ja der Bericht von Pfingsten auch gar nicht. Was hier geschehen ist, wird nicht in erster Linie Menschen zugeschrieben, sondern dem lebendigen Gott, wenn er mit seinem Heiligen Geist in die Menschenherzen einzieht.

Bemerkenswert ist dieses Teilen, von dem hier berichtet wird. Dieses Teilen erinnert uns an eine gesunde Familie! Dort wird – beispielsweise im Kühlschrank und auch sonst – nicht ständig zwischen mein und dein unterschieden. Die erste christliche Gemeinde erinnert uns in dieser Beziehung an eine gesunde (!) Familie, wo man einfach ganz normal miteinander teilt, was zur Verfügung steht. Dieses Teilen ist ein Markenzeichen der Kirche von Anfang an. Es durchzieht die Botschaft Jesu. Es durchzieht die Ausbreitung der Kirche bis zum heutigen Tag. Es durchzieht die Briefe des Paulus. Ja, wir müssen wohl soweit gehen und sagen: Wo nichts von diesem Teilen sichtbar wird. Wo weder Zeit noch Geld, weder Essen noch Trinken, weder Kraft noch Engagement geteilt wird – da sollten wir vorsichtig sein, von Kirche im ursprünglichen Sinne zu reden. Kirche lebt vom Teilen. Kirche lebt das Teilen. Kirche kann nicht sein, ohne zu teilen. Ich sage es bewusst überspitzt und provokativ: Wo nicht geteilt wird, da ist nicht Kirche. Das beginnt mit dem starken Gottesgeist – und dieser Geist will in uns allen sein Werk zu tun. Die Frage ist: Lassen wir ihn sein Werk des Teilens tun?

Wir müssen aber vorsichtig sein, um hier nicht mehr hinein zu lesen als wirklich da steht im Bibelwort. Wer die Apostelgeschichte als Ganzes liest, der merkt: Es gab auch weiterhin Christinnen und Christen, die Wohnungen und Häuser besassen. Aber diese öffneten ihren Wohnraum und stellten ihn für die Gemeinschaft der Kirche, für gemeinsame Gottesdienste und gemeinsame Mahlzeiten zur Verfügung. Es ist also hier nicht gemeint, dass überspitzt gesagt alle sofort alles verkauften, das Geld auf einen Haufen warfen und unter sich verteilten. Gemeint ist aber ohne Zweifel, dass sich die Einstellung zum Besitz insgesamt unter den ergriffenen Menschen von Pfingsten dramatisch veränderte. Auch ein Immobilienverkauf zum Wohl der Gemeinschaft war auf keinen Fall tabu und wurde praktiziert, so ungewohnt uns das erscheint. (Vgl das positive und das negative Beispiel in Apg 4,32 - 5,11)

Das Fazit ist einfach: Wo der Pfingstgeist einzieht, da zieht mit ihm zwingend das Teilen ein. Da können Frauen und Männer sich lösen von Besitz, an dem sie bisher krampfhaft festhielten – damals wie heute. Da beschäftigt uns das Wohl der Anderen und das Wohl der ganzen Gemeinschaft, nicht nur das eigene Ergehen. Und da bleibt es nicht einfach bei wolkiger Betroffenheit. Es kommt ganz konkret zum Teilen von Kleidung und Nahrung, von Wohnraum und Zuwendung, von Zeit und Geld. Und das nicht mit Pauken und Fanfaren, sondern sehr oft ganz im Verborgenen und Stillen wie beispielweise in diesem wunderschönen Beispiel der Tabitha (Apg 9,36-43), die Kleider nähte für Bedürftige. Ganz dem Worte Jesu verpflichtet: Was ihr einem dieser Geringsten getan habt, das habt ihr mir getan. (vgl Mt 25) Wenn Gottes Geist uns als Einzelne und als Gemeinschaft ergreift und erfüllt, dann hat es immer diese Wirkung: wir sehen die Not von Menschen – und wir teilen. Übrigens: Der Ansatz Jesu ist aber sehr barmherzig, weil er uns positiv die Möglichkeit zeigt: einem dieser Geringsten!!! Darum die Frage: Wer ist dieser eine Mensch, den Dir der lebendige Gott heute ans Herz legt, um mit ihm zu teilen? Welcher Name kommt Dir in den Sinn? Wo wirst Du teilen mit dieser Person in der nächsten Zeit?

Von dieser ersten Kirche heisst es hier: Sie blieben aber beständig in der Lehre der Apostel und in der Gemeinschaft und im Brotbrechen und im Gebet. Wo Kirche lebt, da sind auch diese Lebenszeichen erkennbar. Der Heilige Geist sorgt dafür. Und diese vier hier genannten Lebenszeichen sind nicht einfach eine Auswahlsendung im Sinne von: Wähl eines aus – und lass den Rest links liegen! Im Gegenteil: Alle vier gehören zum Paket Kirche, wie sie von Gott gemeint ist und sich an Pfingsten zum ersten Mal zeigt.

Das Erste: Lehre der Apostel! Ohne diese herausfordernde Lehre verfallen wir einfach uns selbst und der Denkweise unserer Umgebung und Kultur. Wo der

Geist Gottes wirkt und wo Kirche ist, da ist diese Lehre der Apostel. Was ist damit gemeint? Die Apostel waren Jesus-Jünger, gesandt in die Welt mit dem Auftrag, Jesu Worte und Taten, Jesu Leben, Sterben und Auferstehung zu bezeugen und weiter zu vermitteln. Natürlich sind sie inzwischen nicht mehr unter uns. Aber ihre Stimmen sind immer noch greifbar. Das ist der Sinn der Schriften des Neuen Testaments. Hier finden wir diese Stimmen der Apostel – ihre Lehre. Und deshalb muss jede Kirche, die sich auf den Gottesgeist beruft, sich mit diesen Stimmen der ersten Zeugen beschäftigen und auseinandersetzen. Deshalb werden sie ausgelegt und erforscht. Deshalb hören und lesen wir diese Worte und tauchen immer neu in sie ein.

Das Zweite: Gemeinschaft! Ohne Gemeinschaft sind wir schlicht und einfach isolierte Menschen. Davon haben wir schon geredet. Diese Gemeinschaft wird fassbar im Teilen. Provozierend gesagt: man kann alles Mögliche allein sein – aber man kann nicht alleine Christ und Christin sein.

Das Dritte: Brotbrechen! Ohne das Brotbrechen vergessen wir sehr schnell, was die Mitte unseres Glaubens ist. Die meisten Ausleger gehen davon aus, dass damit entweder die gemeinsamen Mahlzeiten oder das Abendmahl (die Eucharistie) gemeint ist – oder beides in Kombination! Vom gleichen Brot essen, vom gleichen Wein trinken – und dabei das in uns aufnehmen, was unser Herr und Meister in Kreuz und Auferstehung für uns gewirkt hat. Freiheit von Schuld und Sünde. Vergebung. Hoffnung auf Leben, das stärker ist als der Tod. Vertrauen darauf, dass auch ich mit ihm auferstehen werde. Hoffnung auf die Vollendung der Geschichte mit dem erneuerten Himmel und der erneuerten Erde. Gemeinsames Essen und Trinken und die gemeinsame Abendmahlsfeier sind nicht nette Zugabe, sondern grundlegende Lebenszeichen.

Das Vierte: Gebet! Wenn wir das Beten vernachlässigen, dann geht verloren, dass wir Christinnen und Christen Himmel-und-Erde-Leute sind. Dann verlieren wir schnell den Bezug zum lebendigen Gott und zur Realität der unsichtbaren Welt. Gemeint ist hier: Beten, nicht weil wir müssen, sondern weil wir dürfen.

Wo der Gottesgeist wirkt und wo Kirche ist, da wird ganz einfach gebetet. Gebetet mit den schlichten und bewährten Worten der Psalmen, mit dem Unser-Vater, mit vorgegebenen Worten oder mit freien Worten. Gebetet, weil uns der Gottesgeist dazu leitet und uns dafür die Worte schenkt.

Es ist so konkret. Wir können es fast vor uns sehen. Gemeinschaft des Glaubens, die sich im Essen und Trinken zeigt, im gemeinsamen Feiern des Abendmahls, im Beten und Singen und im Eintauchen in die Lehre der Apostel. Und jetzt kommt noch etwas, was mich fasziniert und gleichzeitig nachdenklich macht. Diese Gemeinschaft ist nicht abgeschottet, sondern durchlässig! Menschen werden angezogen und stossen dazu. Der Herr aber fügte täglich zur Gemeinde hinzu – so lesen wir es in unserem Bericht von Pfingsten. Das ist eine krasse Aussage – vor allem dieses Wort täglich! Aber: Wundert uns das wirklich, dass diese Kirche von Pfingsten eine solch starke Anziehungskraft hat? Sie ist nicht perfekt, aber sie lebt von der Auferstehung Jesu her und aus der Kraft des Gottesgeistes. Da ist eine dynamische Kraft. Da sind Worte des Lebens. Da ist gegenseitige Hilfe und Anteilnahme. Da ist Solidarität in Freude und Leid. Da ist gute Nachricht für Gebeutelte. Da ist das, wonach wir Menschen uns im Tiefsten sehnen. Ja, wo der Gottesgeist mit dem Evangelium von Jesus Einzug hält, da ist wirklich ein Stück Himmel auf Erden.

Ich schliesse mit dem Gebet der letzten Strophe eines alten Pfingstlieds:
„Du Heilger Geist, bereite ein Pfingstfest nah und fern; mit deiner Kraft begleite das Zeugnis von dem Herrn. O öffne du die Herzen der Welt und uns den Mund, dass wir in Freud und Schmerzen das Heil ihr machen kund.“ (RG 511,4)

AMEN!

Der gelähmte Bettler

Petrus aber und Johannes gingen hinauf in den Tempel um die neunte Stunde, zur Gebetszeit. Und es wurde ein Mann herbeigetragen, lahm von Mutterleibe; den setzte man täglich vor die Tür des Tempels, die da heißt die Schöne, damit er um Almosen bettelte bei denen, die in den Tempel gingen. Als er nun Petrus und Johannes sah, wie sie in den Tempel hineingehen wollten, bat er um ein Almosen. Petrus aber blickte ihn an mit Johannes und sprach: Sieh uns an! Und er sah sie an und wartete darauf, dass er etwas von ihnen empfinge. Petrus aber sprach: Silber und Gold habe ich nicht; was ich aber habe, das gebe ich dir: Im Namen Jesu Christi von Nazareth steh auf und geh umher! Und er ergriff ihn bei der rechten Hand und richtete ihn auf. Sogleich wurden seine Füße und Knöchel fest, er sprang auf, konnte gehen und stehen und ging mit ihnen in den Tempel, lief und sprang umher und lobte Gott. Und es sah ihn alles Volk umhergehen und Gott loben. Sie erkannten ihn auch, dass er es war, der vor der Schönen Tür des Tempels gesessen und um Almosen gebettelt hatte; und Verwunderung und Entsetzen erfüllte sie über das, was ihm widerfahren war. Als er sich aber zu Petrus und Johannes hielt, lief alles Volk zu ihnen in die Halle, die da heißt Salomos, und sie wunderten sich sehr. Als Petrus das sah, sprach er zu dem Volk: Ihr Männer von Israel, was wundert ihr euch darüber oder was seht ihr auf uns, als hätten wir durch eigene Kraft oder Frömmigkeit bewirkt, dass dieser gehen kann? Der Gott Abrahams und Isaaks und Jakobs, der Gott unsrer Väter, hat seinen Knecht Jesus verherrlicht ... (Apostelgeschichte 3,1-13a)

Liebe Schwestern und Brüder, Liebe Gemeinde!

40 Jahre lang! 40 Jahre lang gelähmt. 40 Jahre lang behindert. 40 Jahre lang massiv eingeschränkt in der Beweglichkeit. 40 Jahre lang auf das Wohlwollen und die Barmherzigkeit der Anderen angewiesen. 40 Jahre lang ausgeschlossen von der Berufswelt und vom Tempel. 40 Jahre lang von Unterstützung abhängig. „Denn der Mensch war über vierzig Jahre alt, an dem dieses Zeichen

der Heilung geschehen war.“ (Apg 4,22) Das erfahren wir im folgenden Kapitel der Apostelgeschichte.

Seit seiner Geburt vor über 40 Jahren ist er gelähmt an Beinen und Füssen. Alle haben sich daran gewöhnt – auch er. Er bettelt da – strategisch ideal platziert im Blick auf die religiös gestimmten Leute - an einem der neun Eingänge des Tempels in Jerusalem um Almosen. Hunderte, an manchen Tagen sogar Tausende kommen vorbei. Es ist ein vertrautes Bild. Tag für Tag ist er da - dieser gelähmte Bettler am Schönen Tor. Alles nimmt seinen gewohnten Gang - bis zu diesem denkwürdigen Tag nach Pfingsten ...

Petrus aber und Johannes gingen hinauf in den Tempel um die neunte Stunde, zur Gebetszeit. Und es wurde ein Mann herbeigetragen, lahm von Mutterleibe; den setzte man täglich vor die Tür des Tempels, die da heißt die Schöne, damit er um Almosen bettelte bei denen, die in den Tempel gingen. Als er nun Petrus und Johannes sah, wie sie in den Tempel hineingehen wollten, bat er um ein Almosen.

Petrus kennen wir – er kommt in unzähligen Geschichten im Evangelium von Jesus vor. Initiativ ist er – impulsiv ist er – und öfters zu schnell mit Worten und Taten. Johannes dagegen ist ein ganz anderer Charakter. Er ist zwar oft auch dabei, tritt aber viel diskreter in Erscheinung. Er redet weniger, ist stiller und handelt unauffälliger. Nur an wenigen Stellen tritt er ins Rampenlicht. Im Evangelium wird er fünf Mal weniger oft genannt als Petrus!

Petrus und Johannes – zwei Freunde, zwei Jesusjünger, zwei Apostel. Petrus geht voran, übernimmt die Verantwortung, redet und handelt – auch hier. Johannes begleitet, ist dabei, unterstützt. Und ich vermute zusätzlich: Johannes hat gebetet, während Petrus redete und handelte. Beide sind wichtig. Und beide befolgen die Weisung von Jesus. Beide sind ein Team!

Genau so, wie Jesus ihnen das beigebracht hat, so sind sie auch jetzt unterwegs. Unterwegs zu zweit – unterwegs ohne Geld. (vgl Mk 6,7-8) Es ist drei Uhr am Nachmittag – die zweite Gebetszeit des Tages. Die beiden Apostel gehen hinauf zum Tempel. Hinauf, weil der von Herodes gewaltig ausgebaute und verschönerte Jerusalemer Tempel eben erhöht auf einer Plattform liegt. Sie kommen zu einem der Eingänge - zum Schönen Tor. Da ist er – wie gewohnt. Der gelähmte Bettler.

Als er nun Petrus und Johannes sah, wie sie in den Tempel hineingehen wollten, bat er um ein Almosen.

Was tut der Gelähmte? Er tut das, was er jeden Tag tut – er bettelt um Almosen. Wörtlich: um Gaben der Barmherzigkeit. Für Juden war das damals eine Selbstverständlichkeit, solche Almosen zu geben. Niemand konnte sich darauf berufen und damit beruhigen, dass es da Sozialwerke gibt, die das schon regeln. Jedem war klar, dass ein Gelähmter ohne Unterstützung nicht überleben konnte. Und alle Volksgenossen, die etwas geben konnten, standen da in der Pflicht.

Da ist er. Wir sehen ihn vor uns - da am schönen Tor zum Tempel. Wir sehen seine Matte. Seinen Blick. Seine ausgestreckte Hand. Spannend: Die Initiative geht vom Bettler aus. Hätten wir ihm ein Almosen gegeben? Hätten wir eine Münze in seine Hand gelegt? Hätten wir ihn angeschaut?

Petrus aber blickte ihn an mit Johannes und sprach: Sieh uns an! Und er sah sie an und wartete darauf, dass er etwas von ihnen empfinge.

Zuerst passiert etwas mit den Augen. Petrus und Johannes schauen hin, sehen die Not, sehen diesen Menschen, sehen sein Schicksal, sein Leiden, blicken ihn an. An dieser Stelle der Geschichte wurde ich stutzig und nachdenklich. Ist das nicht genau unser Problem, dass wir eben gar nicht hinschauen? Oder dass wir nur kurz hinschauen, etwas spenden und dann schnell weitergehen? Dass wir so erschlagen sind von medialen Bildern von weltweiter Not, dass wir den Einzelnen nicht mehr sehen, den Gott uns in den Weg stellt?

Petrus und Johannes lassen sich aufhalten, lassen sich unterbrechen, lassen sich stören. Sie halten an und schauen hin. Und sie fordern den gelähmten Bettler auf, sie auch anzuschauen. Da passiert etwas. Sie sehen ihn als Mitmenschen, als Geschöpf Gottes. Sie geben ihm seine Würde wieder. Es kommt zum Blickkontakt.

Liebe Gemeinde,

unsere Augen reden manchmal lauter als unsere Worte. Doch: Was sagen sie? Schauen wir hin – oder schauen wir weg? Sind wir bei uns – oder haben wir den Blick frei für den Menschen, den der lebendige Gott uns in den Weg stellt? Vielleicht ist das ja gerade das erste Wunder, das hier geschieht: dass Petrus und Johannes diesen einen Menschen, diesen Bettler am Tor, wirklich sehen. Nicht einfach als einen von vielen Notleidenden. Nicht einfach als Nummer, als Fall, als Sozialfall. Sie sehen ihn als ihren Nächsten, als Mitmenschen, als Geschöpf Gottes, als Bruder. Die drei Jahre in der Nachfolge Jesu haben abgefärbt und sie geprägt. Sie können ihn wirklich sehen – diesen einen Menschen. Vom lebendigen Gott unendlich geliebt ist er. Wo ist dieser eine Mensch, den ich heute sehen soll?

Petrus aber sprach: Silber und Gold habe ich nicht; was ich aber habe, das gebe ich dir: Im Namen Jesu Christi von Nazareth steh auf und geh umher!

Jetzt kommt das matchentscheidende Wort. Was für eine Provokation damals und heute! Könnten wir das auch so sagen wie Petrus?

Silber und Gold habe ich nicht – sagt Petrus so locker. Geht das überhaupt? Unterwegs ohne Geld? Wieder werden wir daran erinnert, wie präzise die Apostel die Weisung Jesu befolgen. Jesus hatte sie - so lesen wir es im

Evangelium – ausgesandt und angewiesen, kein Geld im Gürtel mitzunehmen. (vgl Mk 6,8) Und so ist es: auch hier hatten sie tatsächlich kein Geld dabei. Die Apostel sind unterwegs mit leichtem Gepäck. Es ist ein Zeichen ihrer totalen Abhängigkeit von Gott und von anderen Menschen.

Ehrlich gesagt bin ich mir nicht sicher, inwieweit wir das nachahmen können und nachahmen sollen. Auf jeden Fall fordert es uns gewaltig heraus, was Petrus hier sagt, und es ist gut, wenn wir uns dieser Herausforderung stellen. Denn sobald wir ein Portemonnaie dabei haben und ein Konto auf der Bank auf unseren Namen lautet, sind wir hier schachmatt gesetzt. Dann können wir eben gerade nicht sagen: Silber und Gold habe ich nicht ...

Der zweite Satz von Petrus zeigt uns die Stossrichtung an, um die es geht: ... was ich aber habe, das gebe ich dir. Darum geht es: um Teilen und Weitergeben. Was wir haben, ist uns vom lebendigen Gott anvertraut, um es zu teilen. Du kannst gut musizieren? Erfreue Menschen mit Musik! Du kannst ermutigen und aufbauen? Tue es! Du kannst kochen und backen? Dann lade Gäste ein und bewirte sie! Du kannst gut Briefe schreiben? Schreibe Briefe! Du hast Silber und Gold, Geld und Wertschriften? Dann setze es so ein, dass es Not lindert und Gutes bewirkt. Die Beispiele lassen sich beliebig vermehren. Darum geht es: Setze das ein, was Dir anvertraut wurde!

Nun geht Petrus mit dem dritten Satz einen Schritt weiter und zeigt uns das Kostbarste, was uns anvertraut ist. Vielleicht überrascht uns das, weil uns nicht klar ist, welche Macht darin liegt: Es ist der Name Jesu.

Reden und handeln wir als Einzelne und als Kirche im Namen Jesu Christi von Nazareth? Petrus und Johannes handeln hier nicht im eigenen Namen, sondern als Boten des Evangeliums. Sie reden und handeln im Namen Jesu. Sie wissen, dass dieser Name nicht „Schall und Rauch" ist wie so viele andere Namen, die heute Aufsehen erregen und morgen vergessen sind. Der Name Jesu ist eine starke Macht. Es ist der Name, der über alle Namen steht. Der Name Jesu

Christi von Nazareth ist der Name, vor dem sich im grossen Finale alle beugen werden, den einmal alle bekennen werden als Herr. (vgl Phil 2,10-11) Das müssen wir neu lernen von den Aposteln und der frühen Kirche – und genauso von vielen Schwestern und Brüdern in der weltweiten Kirche heute. Der Apostel Paulus hat das in einem seiner Briefe an eine christliche Gemeinde umfassend auf den Punkt gebracht: Alles, was ihr tut mit Worten oder mit Werken, das tut alles im Namen des Herrn Jesus und dankt Gott, dem Vater, durch ihn. (Kolosser 3,17) Alles! Das umfasst unser ganzes Leben - unseren ganzen Alltag. Alles Reden. Alles Tun. Alles!

Und dann geschieht hier in unserer Geschichte das Wundersame, das aber erstaunlich nüchtern erzählt wird. Der gelähmte Bettler steht auf und geht, betritt mit Petrus und Johannes den Tempel, der ihm bisher verwehrt war. Er springt und lobt Gott. Die Leute schauen verblüfft und sagen: Das ist doch der Bettler vom Schönen Tor! Was ist denn mit dem passiert?

Liebe Gemeinde,

eine Geschichte voller Wunder. Da ist ein Team von zwei ganz verschiedenen Menschen, die gemeinsam am gleichen Strick ziehen und gemeinsam im Einsatz sind. Da ist eine Bitte, die weit übertroffen wird. (Ja, manchmal ist das, worum wir bitten, gar nicht das, was wir wirklich brauchen…) Da ist ein Blick, der menschliche Würde schenkt. Da ist ein Mensch, dem mitten im Leben ein neues Leben geschenkt wird. „Aus dem lahmen Bettler war der beweglichste Beter geworden." (Manfred Mielke) Da ist eine Heilung, die ins Nachdenken bringt und Kreise zieht. Da ist der Name Jesu, der eine Macht im Himmel und auf Erden ist. Da ist ein Satz, der ins Schwarze trifft:

Silber und Gold habe ich nicht; was ich aber habe, das gebe ich dir: Im Namen Jesu Christi von Nazareth steh auf und geh umher!

AMEN!

Zur Sache kommen

Als er sich aber zu Petrus und Johannes hielt, lief alles Volk zu ihnen in die Halle, die da heißt Salomos, und sie wunderten sich sehr. Als Petrus das sah, sprach er zu dem Volk: Ihr Männer von Israel, was wundert ihr euch darüber oder was seht ihr auf uns, als hätten wir durch eigene Kraft oder Frömmigkeit bewirkt, dass dieser gehen kann? Der Gott Abrahams und Isaaks und Jakobs, der Gott unsrer Väter, hat seinen Knecht Jesus verherrlicht, den ihr überantwortet und verleugnet habt vor Pilatus, als der ihn loslassen wollte. Ihr aber habt den Heiligen und Gerechten verleugnet und darum gebeten, dass man euch den Mörder schenke; aber den Fürsten des Lebens habt ihr getötet. Den hat Gott auferweckt von den Toten; dessen sind wir Zeugen. Und durch den Glauben an seinen Namen hat sein Name diesen, den ihr seht und kennt, stark gemacht; und der Glaube, der durch ihn gewirkt ist, hat diesem die Gesundheit gegeben vor euer aller Augen. Nun, liebe Brüder, ich weiß, dass ihr's aus Unwissenheit getan habt wie auch eure Oberen. Gott aber hat erfüllt, was er durch den Mund aller seiner Propheten zuvor verkündigt hat: dass sein Christus leiden sollte. So tut nun Buße und bekehrt euch, dass eure Sünden getilgt werden, damit die Zeit der Erquickung komme von dem Angesicht des Herrn und er den sende, der euch zuvor zum Christus bestimmt ist: Jesus. Ihn muss der Himmel aufnehmen bis zu der Zeit, in der alles wiedergebracht wird, wovon Gott geredet hat durch den Mund seiner heiligen Propheten von Anbeginn. Mose hat gesagt (5.Mose 18,15; 18,19): »Einen Propheten wie mich wird euch der Herr, euer Gott, erwecken aus euren Brüdern; den sollt ihr hören in allem, was er zu euch sagen wird. Und es wird geschehen, wer diesen Propheten nicht hören wird, der soll vertilgt werden aus dem Volk.« Und alle Propheten von Samuel an, wie viele auch danach geredet haben, die haben auch diese Tage verkündigt. Ihr seid die Söhne der Propheten und des Bundes, den Gott geschlossen hat mit euren Vätern, als er zu Abraham sprach (1.Mose 22,18): »Durch dein Geschlecht sollen gesegnet werden alle Völker auf Erden.« Für euch zuerst hat Gott seinen Knecht Jesus erweckt und hat ihn zu euch gesandt, euch zu segnen, dass ein jeder sich bekehre von seiner Bosheit. (Apg 3,11-26)

Liebe Schwestern und Brüder, Liebe Gemeinde!

Matteo Sorci ist Softwareentwickler an der ETH Lausanne. Er hat eine Computersoftware entwickelt – eine sogenannte Spidermask, die Emotionen wie Trauer oder Angst, Wut oder Ekel, Freude oder Überraschung auf unseren Gesichtern liest. Die Spin-off-Firma nViso untersucht und analysiert mit Hilfe dieser Software die emotionalen Reaktionen von Testpersonen auf Werbespots, um daraus Rückschlüsse auf die Wirksamkeit der Werbung zu ziehen. Bei Freude beispielsweise gehen die Mundwinkel auseinander und die Augenbrauen liegen tief. Und bei Verblüffung sind die Augenbrauen hoch, die Augen weit geöffnet und der Mund offen. Unsere Gesichtsmimik ist wie ein Lesebuch, die sogar durch Software entschlüsselt werden kann!

Diese Gesichter hätte ich gerne gesehen – diese verblüfften Gesichter mit offenem Mund und weit offenen Augen! Da in Jerusalem. Da im Tempel an diesem Nachmittag kurz nach 15 Uhr. Da im Tempelvorhof und in der riesigen Säulenhalle auf der Ostseite des Tempels. Diese verblüfften Gesichter spiegeln das erstaunliche Ereignis, das hier berichtet wird. Ein vierzigjähriger Mann, seit seiner Geburt gelähmt, der täglich vor (!) dem Eingang des Tempels am Schönen Tor sass und dort um Geld bettelte, springt nun im Innern des Tempels auf dem grossen Platz herum und lobt Gott mit lauter Stimme. Verblüffte Gesichter! Augen und Münder, die offen bleiben. Menschen, die fragen: Ist das nicht der gelähmte Bettler? Was ist denn da passiert?

Jetzt bildet sich verständlicherweise ein Volksauflauf in der Säulenhalle. Petrus packt die Gelegenheit zur Verkündigung beim Schopf und beginnt mit folgenden Worten: Ihr Männer von Israel, was wundert ihr euch darüber oder was seht ihr auf uns, als hätten wir durch eigene Kraft oder Frömmigkeit bewirkt, dass dieser gehen kann? Schon mit diesen ersten Worten kommt Klärung in die allgemeine Verblüffung. Petrus sitzt im gleichen Boot wie seine Zuhörer. Auch er ist wie die Menschen in seinem Publikum Jude. Er ist auf Augenhöhe mit ihnen. Da gibt es keine Arroganz. Er redet nicht von oben herab.

Und dann wird sofort das Missverständnis korrigiert. Das Missverständnis nämlich, dass er (Petrus) und Johannes diesen Gelähmten geheilt hätten. Mit anderen Worten: Petrus lenkt sofort die Aufmerksamkeit vom Geheilten und von sich selbst weg auf den, der hier gewirkt hat – auf Jesus. Nicht immer haben christliche Verkündiger in der Vergangenheit und Gegenwart so schnell, so unverblümt, so direkt die Aufmerksamkeit von sich selbst weg gelenkt auf den, den sie verkündigen. Nicht der Geheilte soll im Zentrum stehen. Nicht der Verkündiger soll im Zentrum stehen. Nicht die eigene Kraft und nicht die eigene Frömmigkeit soll im Zentrum stehen. Nein! Die Aufmerksamkeit gebührt dem lebendigen Gott, der uns in Jesus sein Gesicht zeigt. So kommt Petrus in seiner Verkündigung ohne Umschweife gradlinig auf Jesus zu sprechen. Und genauso gradlinig spricht er das Fehlverhalten seines Publikums im Prozess Jesu an. Das Geschehen ist noch frisch im Gedächtnis – und viele, die jetzt im Tempel sind und Petrus zuhören, waren hautnah dabei, als Jesus verhört, verurteilt und gekreuzigt wurde. Das, was Petrus sagt, ist nicht etwa irgendeine Form von Antisemitismus, wie das später missverstanden wurde. Sondern damit werden seine Zuhörer schlicht und ergreifend mit ihrem eigenen Anteil an Versagen und Schuld konfrontiert.

Petrus setzt ein weiteres deutliches Signal, dass er sein Publikum auf Augenhöhe anspricht. Wir wissen aus dem Evangelium, dass er selbst Jesus, mit dem er drei Jahre lang unterwegs war, im entscheidenden Moment verleugnet hat. Auch sein Publikum hat hierin versagt: zweimal wird der Finger auf die Wunde Stelle gelegt. Ihr habt Jesus verleugnet. Im Stich gelassen. Petrus weiss genau, was das heisst. Ein Finger zeigt auf sein Publikum. Vier Finger zeigen auf ihn. Er hat am gleichen Punkt versagt wie seine Zuhörer. Er ist einer von ihnen. Doch er hat auch erfahren, dass es einen Neuanfang nach diesem tiefen Versagen gibt.

Der Kern der Verkündigung von Petrus ist – eingebettet in die gewaltige Geschichte Gottes mit seinem Volk - Christusverkündigung. Sofort fragte ich mich, ob wir als einzelne Christen und die Kirche bei uns als Ganzes so stark wie die ersten Apostel Jesus ins Zentrum unserer Kommunikation stellen. Die

Rede von Petrus kommt mir wie ein Steigerungslauf – wie ein musikalisches Crescendo vor. Ungeheuer reichhaltig und vielfältig ist das, was er über Jesus zu sagen hat. Jesus ist der Gottesknecht, von dem Jesaja geredet hat. Jesus ist der Heilige und Gerechte. Nicht einfach ein bisschen heilig und gerecht. Auch nicht manchmal oder meistens heilig und gerecht. Sondern schlicht der Heilige und Gerechte! Jesus ist der Urheber des Lebens. Jesus ist der, der ausgeliefert und verleugnet, getötet und auferweckt wurde. Jesu Name ist eine Macht! Die Macht, die hier den Lahmen zum Laufen gebracht hat. Jesus ist die Erfüllung der Verheissungen der Propheten. Jesus ist der leidende Messias. Jesus ist gekommen und wird ein zweites Mal kommen. Er ist ein Prophet wie Mose. Er ist der Same Abrahams. Was für eine reichhaltige, vielfältige und in der Gottesgeschichte verwurzelte Verkündigung von Jesus! Die Verkündigung von Petrus kommt mir vor wie ein gewaltiges Feuerwerk.

Christliche Verkündigung ist Verkündigung des lebendigen Gottes, der uns in Jesus Christus sein Gesicht zeigt. Christliche Verkündigung ist Verkündigung von Kreuz und Auferstehung Jesu. Doch wie reichhaltig und vielfältig ist das, was wir als Einzelne und unsere Kirche als Ganzes von Jesus sagen? Von Gott in einem allgemeinen Sinn reden, das ist durchaus üblich. Aber von Jesus? Mir scheint, dass da eine seltsame Sprachlosigkeit Einzug gehalten hat. Warum eigentlich? Warum fällt es uns so schwer zu sagen, wer Jesus für uns ist? Wenn wir aber dazu nichts Vernünftiges und in unserer Tradition Verwurzeltes zu sagen haben, dann ist das nichts weniger eine Bankrotterklärung. Wenn wir Jesus verlieren, wenn wir Jesu Kreuz und Auferstehung verlieren, wenn wir die Jesu Worte und Taten verlieren – dann sind wir bankrott! Das wäre wie eine Bank, die sich nicht mehr getrauen würde, über Geld zu reden. Das wäre wie ein Arzt, das nicht mehr über Gesundheit und Krankheit spricht. Das wäre wie eine Bäckerei, die nicht mehr Brote herstellt und verkauft.

Reichhaltig und vielfältig! Was hast Du – was habe ich – was haben wir von Jesus zu sagen? Ein Lied des deutschen Liedermachers Albert Frey zeigt die Richtung:

Was für ein Mensch, dem Wind und Wellen gehorchen. / Was für ein Mensch, der auf dem Wasser geht. / Was für ein Mensch, der Wasser in Wein verwandelt, Brot und Fisch vermehrt. / Was für ein Mensch, der die Gefangenen frei macht. / Was für ein Mensch, der selbst den Tod bezwingt. / Was für ein Mensch, der allen Armen und Schwachen frohe Botschaft bringt. // Was für ein Gott, der zu uns kommt, um zu dienen. / Was für ein Gott, der klein wird, wie ein Kind. / Was für ein Gott, der alle Schuld dieser Erde für uns auf sich nimmt. / Was für ein Gott, der mit uns sein neues Reich baut. / Was für ein Gott, der uns das Erbe gibt. / Was für ein Gott, der uns als Söhne und Töchter unbeschreiblich liebt. // Jesus, Erlöser der Welt. / Du bist Christus, der Fels der uns hält. / Gott ist mit uns, er selbst kommt zur Welt, das Licht, das die Nacht erhellt.

Shadrach Meshach Lockridge (1913-2000), ein feuriger afroamerikanischer Verkündiger, ist bekannt für seinen Höhepunkt in der Predigt „That's my King!“, wo er unglaublich reichhaltig und sprachgewaltig von Jesus redet:

Die Bibel sagt: Mein König ist der König der Juden. Er ist der König von Israel. Er ist der König der Gerechtigkeit. Er ist der König der Zeitalter. Er ist der König des Himmels. Er ist König der Herrlichkeit. Er ist der König aller Könige. Er ist der Herr aller Herren. Das ist mein König. Ich frage mich, ob Du ihn kennst?

Mein König ist ein souveräner König. Keine Masseinheit kann seine unbegrenzte Liebe definieren. Er ist ausdauernd stark. Er ist durchgängig ernsthaft. Er ist ewig standfest. Er ist unsterblich gnädig. Er ist königlich mächtig. Er ist unparteiisch barmherzig. Kennst Du ihn?

Er ist das grösste Phänomen, das je den Horizont dieser Welt gekreuzt hat. Er ist Gottes Sohn. Er ist Erlöser der Sünder. Er ist das Herzstück der Zivilisation. Er ist ohne Parallele. (…) Er ist die grundlegende Lehre wahrer Theologie. Er ist der Einzige, der umfassend qualifiziert ist, Erlöser zu sein. Ich frage mich, ob Du ihn heute kennst. Er gibt Kraft den Schwachen. Er ist zugänglich für die

Versuchten und Geprüften. Er leidet mit und rettet. Er stärkt und erhält. Er bewahrt und führt. Er heilt die Kranken. Er reinigt die Aussätzigen. Er vergibt Sündern. Er entlastet Schuldner. Er befreit die Gefangenen. Er verteidigt die Geschwächten. Er segnet die Jungen. Er dient den Glücklosen. Er achtet die Betagten. Er belohnt die Sorgfältigen. Er gibt Schönheit den Sanftmütigen. Ich frage mich, ob Du ihn kennst?

(…) Die Pharisäer konnten ihm nicht widerstehen und ihn nicht stoppen. Pilatus fand keine Schuld in ihm. Herodes konnte ihn nicht töten. Der Tod konnte ihn nicht behändigen. Und das Grab konnte ihn nicht festhalten. Das ist mein König!

Wie kommt diese Wirklichkeit des lebendigen Gottes ins Leben der Zuhörer von Petrus und in unser Leben heute? Antwort: durch Umkehr. Durch Hinwendung zu Jesus, dem Gott-mit-uns. Wenn wir ihm vertrauen. Diese Umkehr und Hinwendung hat eine gewaltige Zusage. Haben wir sie gehört? Unsere Sünden werden ausgelöscht – ausgewischt wie die Kreidezeichen auf einer Wandtafel. Und Zeiten der Erfrischung brechen an. Ultimative Erfrischung dann, wenn im grossen Finale Christus wiederkommt – Himmel und Erde komplett erneuert und zusammengeführt werden.

Erfrischung aber schon jetzt mitten in unserer Wüstenwanderung durchs Leben. Erfrischung, wenn wir uns dem lebendigen Gott zuwenden, der in Jesus Christus uns sein Gesicht zeigt und uns gnädig ist – Dir und mir – uns allen. Erfrischung, wenn wir beten. Erfrischung, wenn wir Gott unser Herz ausschütten und klagen. Erfrischung, wenn wir gemeinsam ein Loblied anstimmen. Erfrischung, wenn wir die Bibel aufschlagen und gemeinsam austauschen. Erfrischung, wenn wir Worte des ewigen Lebens hören, die uns treffen. Erfrischung, wenn wir das Gebet unseres Meisters beten. Erfrischung, wenn wir im Abendmahl vergegenwärtigen, was Jesus für uns getan hat. Ihn preisen wir, den König aller Könige und Herr aller Herren.

AMEN!

Umgekehrter Handschuh

Während sie zum Volk redeten, traten zu ihnen die Priester und der Hauptmann des Tempels und die Sadduzäer, die verdross, dass sie das Volk lehrten und verkündigten an Jesus die Auferstehung von den Toten. Und sie legten Hand an sie und setzten sie gefangen bis zum Morgen; denn es war schon Abend. Aber viele von denen, die das Wort gehört hatten, wurden gläubig; und die Zahl der Männer stieg auf etwa fünftausend. Als nun der Morgen kam, versammelten sich ihre Oberen und Ältesten und Schriftgelehrten in Jerusalem, auch Hannas, der Hohepriester, und Kaiphas und Johannes und Alexander und alle, die vom Hohenpriestergeschlecht waren; und sie stellten sie vor sich und fragten sie: Aus welcher Kraft oder in welchem Namen habt ihr das getan? Petrus, voll des Heiligen Geistes, sprach zu ihnen: Ihr Oberen des Volkes und ihr Ältesten! Wenn wir heute verhört werden wegen dieser Wohltat an dem kranken Menschen, durch wen er gesund geworden ist, so sei euch und dem ganzen Volk Israel kundgetan: Im Namen Jesu Christi von Nazareth, den ihr gekreuzigt habt, den Gott von den Toten auferweckt hat; durch ihn steht dieser hier gesund vor euch. Das ist der Stein, von euch Bauleuten verworfen, der zum Eckstein geworden ist. Und in keinem andern ist das Heil, auch ist kein andrer Name unter dem Himmel den Menschen gegeben, durch den wir sollen selig werden. Sie sahen aber den Freimut des Petrus und Johannes und wunderten sich; denn sie merkten, dass sie ungelehrte und einfache Leute waren, und wussten auch von ihnen, dass sie mit Jesus gewesen waren. Sie sahen aber den Menschen, der gesund geworden war, bei ihnen stehen und wussten nichts dagegen zu sagen. Da hießen sie sie hinausgehen aus dem Hohen Rat und verhandelten miteinander und sprachen: Was wollen wir mit diesen Menschen tun? Denn dass ein offenkundiges Zeichen durch sie geschehen ist, ist allen bekannt, die in Jerusalem wohnen, und wir können's nicht leugnen. Aber damit es nicht weiter einreiße unter dem Volk, wollen wir ihnen drohen, dass sie hinfort zu keinem Menschen in diesem Namen reden. Und sie riefen sie und geboten ihnen, keinesfalls zu reden oder zu lehren in dem Namen Jesu. Petrus aber und Johannes antworteten und sprachen zu ihnen: Urteilt selbst, ob es vor Gott recht ist, dass wir euch mehr gehorchen als Gott. Wir können's ja nicht lassen, von dem zu reden, was wir gesehen und gehört haben. Da drohten sie ihnen und ließen sie gehen um des Volkes willen, weil sie nichts fanden, was Strafe verdient hätte; denn alle lobten Gott für das, was geschehen war. Denn der Mensch war über vierzig Jahre alt, an dem dieses Zeichen der Heilung geschehen war. (Apostelgeschichte 4,1-22)

Liebe Schwestern und Brüder, Liebe Gemeinde!

Was ist das? Das ist ein umgekehrter Handschuh! Für mich ein Vergleich für das, was mit Petrus passiert ist.

Hier tritt Petrus uns entgegen – mutig und klar und direkt. Er sagt frei und offen heraus, was er zu sagen hat. Er und Johannes lassen sich nicht abschrecken von Verhaftung und Gefängnis. Im folgenden Verhör ist Petrus respektvoll und gradlinig. Er bekennt sich zu Jesus, dem Gekreuzigten und Auferstandenen. Furchtlos wägt er den Gehorsam gegenüber Gott und die Bedrohung durch mächtige Menschen ab.

Doch noch vor kurzer Zeit – vor einigen Wochen oder Monaten – sah es ganz anders aus. Die Evangelien berichten darüber, ohne es zu beschönigen. Petrus erlebte mit, wie Jesus verhaftet wurde. Wahrscheinlich im gleichen Gebäudekomplex wie jetzt stand Jesus vor dem Hohen Rat und wurde verhört. Petrus war damals draussen im Hof am Feuer und wartete angespannt. „Du warst auch mit Jesus – Du gehörst auch zu ihm." Das bekam er zu hören und man zeigte auf ihn. Doch Petrus bestritt, er verneinte vehement seine Zugehörigkeit zu Jesus, er verleugnete seinen Meister. Die Kraft zu einem klaren Wort fehlte ihm damals. Er versagte in diesem kritischen Moment seines Lebens. Dann folgte der Hahnenschrei. „Und Petrus ging hinaus und weinte bitterlich." (Lukas 22,62)

Kennst Du – kenne ich – kennen wir einen solchen absoluten Tiefpunkt des Lebens – oder sogar mehrere? Kennen wir Momente des Versagens? Diese Momente, wo wir gegen unsere tiefste Überzeugung gehandelt und geredet haben? Diese Momente, wo ein klares Wort nötig gewesen wäre – und wir es nicht gesagt haben? Diese Momente, wo unser entschlossenes Handeln das einzig Richtige gewesen wäre?

Wenn wir das kennen, dann ist diese Geschichte von Petrus echter, starker Trost. Durch Kreuz und Auferstehung Jesu ist unser Versagen nicht die letzte Realität, sondern Vergebung und Neuanfang. Im Namen Jesu und in seiner Kraft kannst Du Vergebung empfangen, Versagen hinter dir lassen und neu anfangen. Wie Petrus!

Zweimal Petrus – aber ganz verschieden. Was ist dazwischen passiert? Kreuz und Auferstehung sind passiert. Pfingsten ist passiert. Petrus ist wie ein umgekehrter Handschuh. Dass er so frei und offen sprechen kann. Dass er sich so unverbraucht und direkt zu Jesus bekennen kann. Dass er so respektvoll mit seinen Widersachern und Verfolgern umgehen kann. Das kann er nicht aus sich selbst heraus. Das kann er nicht aus eigener Kraft. Das ist die Kraft des Heiligen Geistes.

Hier erfüllt sich ganz konkret, was Jesus bereits im Evangelium verheissen hat: „Wenn sie euch nun überantworten werden, so sorgt nicht, wie oder was ihr reden sollt; denn es soll euch zu der Stunde gegeben werden, was ihr reden sollt. Denn nicht ihr seid es, die da reden, sondern eures Vaters Geist ist es, der durch euch redet." (Matthäus 10,19-20)

Heute fassen wir das, was hier und in den folgenden Kapiteln der Apostelgeschichte geschildert wird, unter der Überschrift Verfolgung zusammen. Die beiden Jesusjünger und Apostel Petrus und Johannes werden gestellt und wegen ihrer Verkündigung verhaftet. Sie werden über Nacht ins Gefängnis gesteckt. Am nächsten Tag werden sie verhört. Am Schluss wird ihnen verboten, diesen Namen von Jesus weiter publik zu machen, und es wird ihnen Schlimmeres angedroht für den Fall, dass sie sich nicht an dieses Verbot halten. Nur kurze Zeit später läuft der ganze Film ein zweites Mal ab. Und weil sie sich nicht an dieses Verbot gehalten haben, werden sie dann zusätzlich geschlagen – gegeisselt. Und schon bald darauf wird Stephanus als erster Christ sein Bekenntnis zum gekreuzigten und auferstandenen Jesus mit dem Leben bezahlen.

„Von Gott zu reden ist gefährlich" (1984) – so lautete der Titel eines Buchs der Russin Tatjana Goritschewa, die ihre Erfahrungen in der kommunistischen Sowjetunion und später im Westen schilderte. Im Blick auf die beiden Apostel und die Apostel müssen wir das zuspitzen und sagen: Von Jesus, dem Gekreuzigten und Auferstandenen - und in seinem Namen zu reden und zu handeln, ist gefährlich. Den Jesusjüngern war das klar. Der ersten Gemeinde in Jerusalem war das klar. Petrus und Johannes war das klar. Paulus war das klar. Auch in den vergangenen 2000 Jahren in der Geschichte der Kirche war oft genau so klar, wie es für viele Christinnen und Christen noch heute in vielen Ländern ist. Sie wissen es und haben es selber erfahren: Mein Glaube an den Gekreuzigten und Auferstanden kann mich teuer zu stehen kommen. Wenn ich dazu stehe, dass ich Christ bin – wenn ich eine Bibel besitze - wenn ich an Gottesdiensten teilnehme … dann kann das genau diese happige Konsequenzen nach sich ziehen wie hier in der Apostelgeschichte: Verhaftung – Gefängnis – Verhöre – Drohungen – Schläge und Folter – ja sogar das Martyrium. Wenn ich mich zu Jesus Christus bekenne, dann kann mich das sogar das Leben kosten.

Ihr Oberen des Volkes und ihr Ältesten! Wenn wir heute verhört werden wegen dieser Wohltat an dem kranken Menschen, durch wen er gesund geworden ist, so sei euch und dem ganzen Volk Israel kundgetan: Im Namen Jesu Christi von Nazareth, den ihr gekreuzigt habt, den Gott von den Toten auferweckt hat; durch ihn steht dieser hier gesund vor euch. Das ist der Stein, von euch Bauleuten verworfen, der zum Eckstein geworden ist. Und in keinem andern ist das Heil, auch ist kein andrer Name unter dem Himmel den Menschen gegeben, durch den wir sollen selig werden.

Da ist Petrus. Da ist seine kurze, mutige Rede. Sie beginnt mit einer korrekten, höflichen und respektvollen Anrede - Ihr Oberen des Volkes und ihr Ältesten! Die Menschen, zu denen Petrus redet, tragen viel Verantwortung. Es ist der Hohe Rat, das höchste jüdische Gremium zu dieser Zeit – ausgestattet mit gerichtlichen Kompetenzen, bestehend aus 71 Mitgliedern. Den Vorsitz hatte jeweils der amtierende Hohepriester. Vom Jahr 6 bis ins Jahr 14 war das Hannas, später vom Jahr 18 bis ins Jahr 36 der ebenfalls erwähnte Kaiphas. Anschliessend macht Petrus ungeschminkt auf die Absurdität der Situation aufmerksam. Wegen einer Heilung werden sie verhört und müssen sich verantworten!

Dann bekennt sich Petrus furchtlos und gradlinig zu Jesus. Und weil eben dieser Hohe Rat vor kurzer Zeit Jesus beurteilt und an Pilatus ausgeliefert hat, deshalb kommt auch diese Verantwortung zur Sprache. Doch ist es völlig verkehrt, einfach den Hohen Rat – und später in der Geschichte einfach die Juden insgesamt für die Kreuzigung Jesu verantwortlich zu machen. Das greift viel zu kurz und wird auch der Apostelgeschichte in keiner Weise gerecht. Denn nur wenige Verse später lesen wir von einer breiten Front gegen Jesus, die zur Kreuzigung geführt hat: „Wahrhaftig, sie haben sich versammelt in dieser Stadt gegen deinen heiligen Knecht Jesus, den du gesalbt hast, Herodes und Pontius Pilatus mit den Heiden und den Stämmen Israels …“ (Apg 4,27) Der Hohe Rat ist nur ein Teil dieser breiten Front. Trotzdem: Petrus spricht die Mitglieder des Hohen Rats unverblümt und direkt auf ihren Teil der Verantwortung an.

Auch wenn es unbequem ist: manchmal müssen Christen den Finger auf die wunde Stelle legen und die Dinge ungeschminkt beim Namen nennen. Wo ist heute ein mutiges Wort zu sprechen – von uns? Welche Missstände müssen heute beim Namen genannt werden – von uns? Ich erinnere an die Christen damals im römischen Weltreich, die dem Kaiser die Verehrung als Gott verweigerten. Ich erinnere auch an William Wilberforce, Christ und Parlamentsmitglied, der die Sklaverei im britischen Weltreich während Jahrzehnten bekämpfte und letztlich diesen Kampf gewann. Das Bekenntnis zu Christus und das Benennen von gravierenden Missständen kommt hier bei Petrus im gleichen Atemzug zur Sprache. So sind auch wir heute gefragt: wo ist unser offenes und freies Bekenntnis zum Gekreuzigten und Auferstandenen und gleichzeitig unser mutiges Wort zur Gegenwart gefragt?

Natürlich weiss ich: weder für unser Bekenntnis zu Christus noch für den Besitz einer Bibel noch für die Teilnahme am Gottesdienst werden wir gegenwärtig hier bei uns verhaftet, verhört und bestraft. Wir kennen allenfalls milde Formen von Verfolgung. Wir werden belächelt, vielleicht sogar verspottet. Wir stellen fest, dass Massenmedien unsere Überzeugungen unzutreffend widergeben und die Berichterstattung über Kirche und Glaube bisweilen kurios ausfällt. Aber was die Apostelgeschichte hier berichtet, ist uns in westlichen Demokratien gegenwärtig fremd. Doch wer will behaupten, dass das so bleiben wird? Es gibt Berichte von Christinnen und Christen in anderen Ländern, die es wie die Apostel erleben. Es ist eine Realität – auch heute. Und es könnte sehr wohl sein, dass auch uns das Christsein in Zukunft viel mehr kosten wird, als es gegenwärtig der Fall ist. Darum sollen wir hier von Petrus und Johannes lernen, um was es beim Glauben geht.

Es geht um den Gott, der die Welt ins Dasein rief. Es geht um den Gott, der in Jesus ganz Mensch wurde, am Kreuz starb und am dritten Tag auferstand – Petrus spricht es hier aus. Es geht um diesen Namen von Jesus, den die Kirche zu verkündigen hat. In ihm liegt das Heil der Welt. Er ist der Eckstein, der – im Bild gesprochen – das ganze Haus unseres Glaubens trägt.

Deinen Tod, o Herr, verkünden wir / Deine Auferstehung preisen wir / Bis du kommst – in Herrlichkeit.

AMEN!

Das erste Gebet der ersten Kirche nach Pfingsten

Und als man sie hatte gehen lassen, kamen sie zu den Ihren und berichteten, was die Hohenpriester und Ältesten zu ihnen gesagt hatten. Als sie das hörten, erhoben sie ihre Stimme einmütig zu Gott und sprachen: Herr, du hast Himmel und Erde und das Meer und alles, was darin ist, gemacht, du hast durch den Heiligen Geist, durch den Mund unseres Vaters David, deines Knechtes, gesagt (Psalm 2,1-2): »Warum toben die Heiden, und die Völker nehmen sich vor, was umsonst ist? Die Könige der Erde treten zusammen, und die Fürsten versammeln sich wider den Herrn und seinen Christus.« Wahrhaftig, sie haben sich versammelt in dieser Stadt gegen deinen heiligen Knecht Jesus, den du gesalbt hast, Herodes und Pontius Pilatus mit den Heiden und den Stämmen Israels, zu tun, was deine Hand und dein Ratschluss zuvor bestimmt hatten, dass es geschehen solle. Und nun, Herr, sieh an ihr Drohen und gib deinen Knechten, mit allem Freimut zu reden dein Wort; strecke deine Hand aus, dass Heilungen und Zeichen und Wunder geschehen durch den Namen deines heiligen Knechtes Jesus. Und als sie gebetet hatten, erbebte die Stätte, wo sie versammelt waren; und sie wurden alle vom Heiligen Geist erfüllt und redeten das Wort Gottes mit Freimut. (Apostelgeschichte 4,23-31)

Liebe Schwestern und Brüder, Liebe Gemeinde!

Wie beten wir? Wir kennen verschiedene Gebete. Da ist das Gebet von Jesus, das „Unser Vater“, und wir wissen, dass Jesus im Evangelium dazu gesagt hat: So sollt ihr beten. Wir haben die 150 Psalmen im Herzen der Bibel – Gebete, die durch die Jahrhunderte von Millionen von Menschen gebetet wurden. Worte, die uns zum Danken und zum Bitten einladen. Worte, die uns zum Lob und zur Klage, ja sogar zur Anklage anleiten. Wir finden Gebete von Einzelnen und Gebete von ganzen Gruppen. Doch - kennen wir dieses Gebet aus der Apostelgeschichte?

Erstaunlich – dieses Gebet ist weiterherum unbekannt. Erstaunlich, denn es ist an prominenter Stelle in der Bibel platziert. Erstaunlich, denn es ist das erste Gebet der ersten christlichen Kirche nach Pfingsten.

Zwischen Pfingsten und diesem Gebet geht es Schlag auf Schlag. Die Apostelgeschichte (Kapitel 3&4) schildert uns eine ganze Kette von verknüpften Ereignissen. Da gehen Petrus und Johannes zum Beten in den Tempel – für Juden nichts Aussergewöhnliches. Dort am Schönen Tor bettelt seit Jahren ein Gelähmter um Almosen. Wer dort vorbeikommt, kennt ihn. Dieser Mann, der von Geburt an seit über vierzig Jahren gelähmt war, erfährt plötzliche Heilung. Ein Wunder, das sich nicht wegdiskutieren lässt und das zu einem Volksauflauf führt. Petrus verkündigt diesen verblüfften Männern und Frauen das Evangelium von Jesus und wird anschliessend zusammen mit Johannes verhaftet und ins Gefängnis gesteckt.

Am nächsten Morgen werden die beiden Apostel zur Heilung des Gelähmten vor dem Hohen Rat, der höchsten politischen Instanz des damaligen Judentums, verhört. Die Ausgangsfrage lautet: „Aus welcher Kraft oder in welchem Namen habt ihr das getan?“ (4,7) Spannende Frage! Mehr noch: ein Steilpass für Petrus! Er sagt es frei und offen heraus, dass das nur im Namen des gekreuzigten und auferstandenen Jesus möglich war. Kein anderer Name hat diese Kraft. In keinem anderen Namen ist Heil. (4,12) Zum Abschluss der Verhandlungen wird den beiden Aposteln ausdrücklich verboten, im Namen von Jesus weiter zu reden und zu lehren. Petrus und Johannes erklären umgehend, dass ihnen das gar nicht möglich ist und sagen: „Urteilt selbst, ob es vor Gott recht ist, dass wir euch mehr gehorchen als Gott. Wir können's ja nicht lassen, von dem zu reden, was wir gesehen und gehört haben.“ (4,19-20) Unter nochmaliger Drohung werden sie schliesslich frei gelassen, gehen auf direktem Weg zur Versammlung der Kirche und berichten den Gemeindegliedern, was passiert ist.

Und jetzt wird eben gebetet! Wir halten den Film kurz an und überlegen uns: Wie respektive wofür hätten wir in dieser Situation gebetet? Mir kommen verschiedene Ideen. Naheliegend wäre doch, um Wohlergehen und Bewahrung zu bitten. Oder um Befreiung von dieser ganzen Verfolgung. Oder um Wiederherstellung der Religionsfreiheit. Oder um feurige Kohlen auf das Haupt der Unterdrücker …

Jetzt wird gebetet – doch dieses erste Gebet der ersten Kirche ist überraschend anders! Schauen wir genau hin!

Sie beten einmütig. Mit anderen Worten: es ist nicht einfach so, dass jeder und jede betet, was ihm oder ihr gerade in den Sinn kommt. Sondern sie werden einig in dem, was sie beten. Kennen wir das? Die erste christliche Kirche folgt hier schlicht und ergreifend der Aufforderung von Jesus im Evangelium, wenn er sagt: „Wahrlich, ich sage euch: Wenn zwei unter euch eins werden auf Erden, worum sie bitten wollen, so soll es ihnen widerfahren von meinem Vater im Himmel. Denn wo zwei oder drei versammelt sind in meinem Namen, da bin ich mitten unter ihnen.“ (Matthäus 18,19-20) Der zweite Satz ist weltbekannt – der erste kurioserweise nahezu unbekannt. Wenn wir gemeinsam beten, dann sollen wir uns zuerst überlegen und absprechen, um was wir bitten wollen. Denn auf dem einmütigen Gebet liegt eine gewaltige Verheissung!

Sie beten einmütig und richten ihr Gebet an die beste Adresse des Universums. Wir alle kennen das: Briefe und Pakete brauchen eine Adresse, damit sie am richtigen Ort ankommen. Es muss ein Empfänger bezeichnet werden. Mit den Emails ist es noch krasser: wenn auch nur ein einziger Buchstabe, ein einziges Zeichen falsch ist, dann kommt die elektronische Post gar nicht an oder sie landet in einer falschen Mailbox. Die Kirche betet hier „zu Gott“. Gott wird als Herr und als Schöpfer des ganzen Universums angesprochen. Unser Gebet richtet sich an Gott, den Herrn, unseren Schöpfer. Gebet ist biblisch gesehen kein Selbstgespräch – wir reden im Gebet zum grossen DU – Gott ist unser Gegenüber, der all unseren Respekt verdient. Wir sind Geschöpfe – Gott ist der Schöpfer. Denken wir daran, wenn wir beten? Die erste christliche Kirche mit ihrem ersten Gebet ist darin vorbildlich. Wenn wir beten, dann tun wir das als Geschöpfe, die den Schöpfer ansprechen und ehren.

Sie beten einmütig, richten ihr Gebet an die beste Adresse des Universums und sie beten mit der Bibel. Kennen wir das? Mit der aufgeschlagenen Bibel beten? Ich fürchte, dass das für uns zwei verschiedene Paar Schuhe sind. Ein unseliges Entweder-Oder. Entweder wir lesen die Bibel. Oder wir beten. Hier verschmilzt beides. Das Bibelwort leitet zum Beten an – und das Gebet führt zum Bibelwort. Entscheidend aber ist, dass es das richtige Bibelwort zur richtigen Zeit ist. Wer Psalm 2 meditiert, dem wird deutlich, dass dieser Psalm ein Volltreffer ist in genau dieser Situation der frühen Kirche.

Wie beten wir? Oder anders gefragt: Beten wir so? So einmütig? So als Geschöpfe auf den Schöpfer ausgerichtet? So geleitet vom Bibelwort, das Licht auf die Situation wirft? Dieses erste Gebet der ersten Kirche fordert uns heraus und lädt uns ein, auch so zu beten. Zum Schluss folgen in diesem Gebet drei überraschende Bitten. Sie lassen sich, so meine ich, leicht auf die Situation unserer Kirchen und Gemeinde heute übertragen …

Und nun, Herr, sieh an ihr Drohen und gib deinen Knechten, mit allem Freimut zu reden dein Wort; strecke deine Hand aus, dass Heilungen und Zeichen und Wunder geschehen durch den Namen deines heiligen Knechtes Jesus.

Die erste Bitte: sieh an ihr Drohen

Die erste Kirche wurde handfest bedroht. Petrus und Johannes wurde ganz konkret verboten, im Namen von Jesus zu reden und zu lehren. Wenn die Kirche jetzt dieses Verbot befolgt und von dem schweigt, was sie ausmacht, dann verliert sie ihre Ausstrahlungskraft. Auch heute ist die Kirche bedroht – hier bei uns und in der ganzen Welt. Ich möchte sogar soweit gehen und behaupten: die christliche Kirche erlebt zu allen Zeiten Bedrohung – allerdings in ganz unterschiedlichen Formen. Hier in unserem Bibelwort ist es Verfolgung und Unterdrückung. Heute bei uns gewinnen viele den Eindruck, dass schwindende

Mitgliederzahlen und schwindende Finanzen die grösste Bedrohung sind. Ich möchte das nicht verharmlosen, aber ich frage mich, ob wir nicht die Gleichgültigkeit gegenüber dem lebendigen Gott und die Sattheit durch Wohlstand unterschätzen. Die christliche Kirche wird es immer geben, weil ihr die Verheissung von Jesus gilt. Kirche Jesu Christi ist zugleich immer auch gefährdete und bedrohte Kirche. Bitten wir den Herrn der Kirche, dass er unsere gegenwärtige Bedrohung anschaut. Wenn wir merken, dass unser Gott das genau kennt und genau sieht, dann ist diese Bitte bereits erhört.

Die zweite Bitte lautet: und gib deinen Knechten, mit allem Freimut zu reden dein Wort

Wir haben es richtig gehört. Die erste Kirche bittet um die Kraft zum Widerstand, zum Ungehorsam. Sie kann dem ausgesprochenen Verbot gar nicht gehorchen, weil sie sich sonst selbst aufgibt. Gehorsam gegenüber Menschen wäre in dieser Sache Ungehorsam gegenüber dem lebendigen Gott. Die Kirche hat gar nicht die Wahl, mit der Verkündigung des Evangelium aufzuhören. Sie hat gar nicht die Wahl, den Namen von Jesus zu verschweigen. Sie hat gar nicht die Wahl, an Jesu Kreuz und Auferstehung vorbei das zu tun, was ihr gefällt. Trotzdem wissen die Apostel und die erste Kirche davon, dass das nicht selbstverständlich ist. Es passiert nicht einfach so. Wir haben es nicht in unserer Hand. Die Kirche muss, solange sie ihren Weg in dieser zerbrochenen Welt geht, darum bitten, dass ihr dieses Wort von dem Gott, der in Jesus Mensch wurde, am Kreuz starb und am dritten Tage auferstand – dass ihr dieses Wort geschenkt wird und sie es freimütig an die Menschen richten kann. Das geschieht nicht einfach so. Es muss erbeten sein. Das gilt auch für die Verkündigung in unserer Kirchgemeinde, in unserer Kirche, in unserem Land. Bitten wir neu um diese Freimut.

Die dritte Bitte: strecke deine Hand aus, dass Heilungen und Zeichen und Wunder geschehen durch den Namen deines heiligen Knechtes Jesus.

So hat die Kirche angefangen. Die ganze Apostelgeschichte zeugt davon, dass der lebendige Gott die Geschichte und Ausbreitung seiner Kirche vorantreibt.

Die Pfingstpredigt folgt auf das Pfingstwunder. Die Verkündigung im Tempel folgt auf die Heilung des Gelähmten. Gott ist der Handelnde. Wenn wir eines aus der Apostelgeschichte lernen können, dann dies, dass diese Heilungen, Zeichen und Wunder, um die hier gebetet wird, nicht Selbstzweck sind, sondern Triebfeder zur Verkündigung des Evangeliums und zur Ausbreitung des Gottesreichs.

Möge unser Gott Dir und mir, unserer Gemeinde, unserer Kirche, allen Kirchen diese Freimut schenken, das Evangelium zu verkünden und den Namen Jesu auszusprechen – und möge unser Gott die Wunder schenken, die es hier bei uns braucht, um die Einzelnen und die Masse aus Gleichgültigkeit, Trägheit und Sattheit herauszuführen in den gewaltigen Raum der Freiheit durch Jesus Christus, den Gott-mit-uns, den Gekreuzigten und Auferstandenen.

Wir beten mit den Worten chinesischer Christen: RG 788

AMEN!

Handfeste Gemeinschaft

Die Menge der Gläubigen aber war ein Herz und eine Seele; auch nicht einer sagte von seinen Gütern, dass sie sein wären, sondern es war ihnen alles gemeinsam. Und mit großer Kraft bezeugten die Apostel die Auferstehung des Herrn Jesus, und große Gnade war bei ihnen allen. Es war auch keiner unter ihnen, der Mangel hatte; denn wer von ihnen Äcker oder Häuser besaß, verkaufte sie und brachte das Geld für das Verkaufte und legte es den Aposteln zu Füßen; und man gab einem jeden, was er nötig hatte. Josef aber, der von den Aposteln Barnabas genannt wurde – das heißt übersetzt: Sohn des Trostes –, ein Levit, aus Zypern gebürtig, der hatte einen Acker und verkaufte ihn und brachte das Geld und legte es den Aposteln zu Füßen. (Apostelgeschichte 4,32-37)

Liebe Schwestern und Brüder, Liebe Gemeinde!

Unser Bibelwort aus der Apostelgeschichte hat es schwer – sehr schwer sogar, wirklich gehört zu werden. Ertragen wir das überhaupt, was da geschildert wird? Sofort regt sich – bei Menschen ausserhalb und innerhalb der Kirche – Widerstand. Sofort hagelt es Kritik. „Schöngefärbt!" „Unrealistisch!" „Blauäugig!" Eine Lawine von Bedenken, Einwänden und Verdächtigungen donnert ins Tal und deckt es zu. „Das kann doch gar nicht so gewesen sein. Der Autor der Apostelgeschichte hat viel zu dick aufgetragen, kräftig übertrieben und alles beschönigt." Oder: „Das war nur, weil sie die Wiederkunft Christi in unmittelbarer Zukunft erwartet hatten und so alle Materielle für sie seinen Wert verloren hatte. Doch wir wissen natürlich aus heutiger Sicht: sie haben sich geirrt." Oder: „Das ist ja völlig unvernünftig, was da geschildert wird. Wo kämen wir nur hin, wenn solches Verhalten Schule machen würde …" Und dann gibt es natürlich auch den in der Christenheit weit verbreiteten Trick, handfeste Aussagen der Bibel im Blick auf Materielles flugs ins Geistlich-Spirituelle zu transponieren …

Wie würde denn unser Wort klingen, wenn es das ganz normal gelebte Christsein in unserer westlichen Welt beschreiben würde? Vielleicht eher so?

„Die Menge der Gläubigen aber hatte ein hartes Herz und eine kalte Seele; jeder sagte von seinen Gütern, dass sie ausschliesslich ihm persönlich gehörten und nichts mit der Not von Brüdern und Schwestern zu tun hätten. Mit großer Hingabe gaben sich die Besitzenden dem Konsum hin und die Bedürftigen lechzten auch nach diesem Konsum. Wer Mangel hatte, den bedauerte man zwar, wies aber gleichzeitig auf persönliches Fehlverhalten als Ursache und mangelnden Einsatz zur Behebung der misslichen Lage hin; und wer von ihnen Grundstücke oder Häuser besaß, der versuchte, sie um jeden Preis zu behalten oder zu vermehren.“ (frei formuliert von CR in Anlehnung an eine Idee von F. Marsh)

Natürlich ist das zugespitzt und übertrieben. Doch ist es wirklich nur aus der Luft gegriffen? Wir sind es gewohnt, kritische Fragen an die Worte der Bibel zu richten. Doch hier stellt der lebendige Gott durch die Praxis der ersten christlichen Kirche kritische Fragen an uns, an unsere Werte, an unseren Umgang mit der Not um uns, an unseren Umgang mit Besitz, an unsere Bereitschaft, das zu teilen, was uns anvertraut ist. Nicht der Autor der Apostelgeschichte und nicht die Christinnen und Christen von damals sind die Gefragten – wir sind es.

„Wir sind hier ja in Wirklichkeit die Gefragten: Ist es etwa gescheit, wie wir es tun? Unser ganzes Zukunftsdenken auf Angst einzustellen? Ist es etwa gescheit, seinen lieben langen Lebenstag auf nicht als auf Sicherung bedacht zu sein?“ (Walter Lüthi: Die Apostelgeschichte 83)

Schauen wir genau hin! Was wird in unserem Wort aus der Apostelgeschichte wirklich gesagt – und was nicht? Ich lese hier nichts davon, dass alle gleichzeitig Häuser und Grundstücke verkauft hätten. Ich lese in den ersten vier Kapiteln der Apostelgeschichte auch nichts von einer Spendenpredigt oder einem Spendenaufruf in irgendeiner Form. Wir suchen auch vergeblich nach einer Aufforderung, die Güter zusammenzulegen. Wir suchen ebenfalls vergeblich nach irgendeiner Form von Druck oder Zwang.

Hinter dem, was hier beschrieben wird, steckt eine Kraft – eine starke Kraft. Und tatsächlich lesen wir ja – und damit beginnt überhaupt erst die christliche Kirche – von Gottes Geist, der an Pfingsten ausgegossen wurde. Das ist die starke Kraft. Das ist der Antrieb. Alle Glaubenden wurden von diesem Geist erfüllt und lebten in dieser Kraft die Botschaft von Jesus, dem Gekreuzigten und Auferstandenen in der Gemeinschaft und unter den Menschen. Gottes Geist ist die treibende Kraft für dieses Tun, das wir hier sehen! Gottes Geist ist die Kraft, die diese Gemeinschaft formt. Gottes Geist ist die Erklärung dafür, dass sie „ein Herz und eine Seele" sind. (Diese idiomatische Wendung hat übrigens seine Wurzel genau hier!) Gottes Geist hat sie so bewegt, dass sie den scheinbar ganz normalen menschlichen Egoismus durchbrechen, ihren Besitz in einem ganz neuen Licht sehen und teilen – und zwar alle:

Die Menge der Gläubigen aber war ein Herz und eine Seele; auch nicht einer sagte von seinen Gütern, dass sie sein wären, sondern es war ihnen alles gemeinsam. Und mit großer Kraft bezeugten die Apostel die Auferstehung des Herrn Jesus, und große Gnade war bei ihnen allen. Es war auch keiner unter ihnen, der Mangel hatte …

Gottes Geist stiftet Gemeinschaft – und Gottes Geist führt Menschen ganz unterschiedlicher Herkunft zusammen. Wo Gottes Geist Einzug hält, da wirkt er sichtbare Früchte. Wo Gottes Geist Einzug hält, da können wir sicher sein, dass Menschen teilen. Und wo geteilt wird, wie der lebendige Gott sich das vorstellt und wie wir das hier vor uns haben, da wird der Mangel der Bedürftigen wirklich gestillt. Das ist das alte Projekt Gottes in unserer gefallenen Welt, das dem Volk Gottes seit Jahrhunderten bestens bekannt war: Es sollte überhaupt kein Armer unter euch sein … (5. Mose 15,4) Hier in der ersten christlichen Kirche wird das gelebt und fassbar: Alle teilten frei und grosszügig, was ihnen anvertraut ist – und die greifbare Folge ist: Es war auch keiner unter ihnen, der Mangel hatte ...

Nun wird auf der Basis dieser von Gottes Geist eingepflanzten Grundhaltung des Teilens ein ganz konkreter Weg geschildert, der diejenigen Gemeindeglieder betraf, die Häuser und Grundstücke besassen:

denn wer von ihnen Äcker oder Häuser besaß, verkaufte sie und brachte das Geld für das Verkaufte und legte es den Aposteln zu Füßen; und man gab einem jeden, was er nötig hatte.

Wer Häuser und Äcker besass, der gehörte zur Mittel- und Oberschicht. Damals war das nur rund ein Siebtel der Gesellschaft, der sich dazu zählen konnte. Mit anderen Worten: ja, das Teilen umfasste alle Gemeindeglieder. Aber der Verkauf eines Grundstücks oder eines Hauses betraf natürlich nur die, die solches überhaupt besassen. Wenn man genau liest, dann stellt man fest, dass das diese handfeste Form des Teilens auch wirklich praktiziert wurde, dass sie aber freiwillig war. Ziel war es, den wirklich Bedürftigen in der christlichen Kirche – damals vor allem Witwen und Waisen – zu helfen. Spannend finde ich, wie hier die Einflussnahme der Gebenden komplett durchbrochen wird. Sie bringen den Ertrag des Verkaufs und sie lassen ihre Spende ganz los - übergeben die Verantwortung für die Zuteilung dieser Mittel ganz den Aposteln. Die direkte Abhängigkeit der Empfänger vom Geber wird durch die Vermittlung der Apostel durchbrochen. Übrigens stellen wir kurze Zeit später fest, dass die Apostel wegen dem starken Wachstum der Kirche mit der Aufgabe der Verteilung dieser Mittel überfordert waren. Sie delegierten diese Aufgabe: Diakone wurden eingesetzt, die diese Verantwortung übernahmen. (Apostelgeschichte 6,1-7)

Blickwechsel: Da ist die Communaute Evangelique du Kwango (DR Kongo) – mit rund 30‘000 Mitgliedern eine sehr kleine Kirche. Und doch betreibt sie 33 Primar- und 23 Sekundarschulen. Das ergibt umgerechnet eine Schule auf 535

Kirchenmitglieder! Man fragt sich: Wie ist das nur möglich? Die Antwort: es ist nur möglich durch das Teilen und Mittragen dieser Kirchenmitglieder. Und es ist nur möglich durch das Mittragen von Christinnen und Christen hier bei uns. Es ist nur möglich durch diesen Geist von Pfingsten.

Hier in unserem Wort aus der Apostelgeschichte wird unser Blick auf Josef mit dem Spitznamen Barnabas gelenkt. Hier wird er zum ersten Mal erwähnt – danach spielt er eine Schlüsselrolle in der Verbreitung des Evangeliums von Jesus. Er wird uns hier vorgestellt als Einer, dem die Not der Bedürftigen in der christlichen Gemeinde so zu Herzen geht, dass er hingeht, ein Grundstück verkauft und den Erlös den Aposteln bringt. Später ist er der, der dem früheren Christenverfolger Paulus Vertrauen schenkt und ihn in den Kreis der Apostel einführt. Schliesslich holt er viele Jahre später den Paulus in die Gemeindearbeit von Antiochia und geht auf die erste Missionsreise mit ihm. Er steht an einer wichtigen Schnittstelle, wo das Evangelium von Jesus, dem Gekreuzigten und Auferstandenen weltweit Kreise zu ziehen beginnt. Hier wird er zum ersten Mal erwähnt – als Einer, der ernst macht mit dem Teilen. Seine Spezialität: er kann gut ermutigen und trösten. Daher sein Spitzname: Sohn des Trostes.

Wenn das Evangelium Kreise zieht, dann beginnt es immer mit Jesus, dem Gekreuzigten und Auferstandenen – mit seinen Worten und Taten, die uns eine gewaltige Freiheit aufschliessen. Dann beginnt es immer mit dem Gottesgeist, der zusammenführt und zum Teilen anleitet. Dann beginnt es immer mit Menschen wie Barnabas, die diesen Ruf Gottes hören und das Anvertraute teilen.

Das Beispiel der ersten Kirche hier ist kein Gesetz für uns. ABER es ist eine starke Herausforderung für die Kirche zu allen Zeiten und ein deutlicher Hinweis darauf, wie Gottes Geist Menschen vom Kleben am Besitz und vom Hocken auf Besitz befreit. Diese Freiheit vom Festhalten an vermeintlichen Sicherheiten durch Besitz – diese gewaltige Freiheit der Töchter und Söhne Gottes wird uns geschenkt durch Gottes Geist.

Was ist uns anvertraut? Was ist Dir und mir anvertraut? Nehmt doch Eure Uhr in die linke Hand und Euren Schlüsselbund in die rechte Hand. Die Uhr steht für die Tage, Stunde und Jahre, die uns anvertraut sind. Der Schlüsselbund (mit Wohnungs-, Arbeits- und Autoschlüsseln etc) steht für das, was wir besitzen, worüber wir verfügen, was uns anvertraut ist. Wie kann ich meine Zeit und meinen Besitz teilen mit denen, die bedürftig sind? Wir wollen auf das hören, was der lebendige Gott uns dazu sagt und im Vertrauen auf ihn Schritte wagen.

AMEN!

„Starkstrom“ unter den Christen

Ein Mann aber mit Namen Hananias samt seiner Frau Saphira verkaufte einen Acker, doch er hielt mit Wissen seiner Frau etwas von dem Geld zurück und brachte nur einen Teil und legte ihn den Aposteln zu Füßen. Petrus aber sprach: Hananias, warum hat der Satan dein Herz erfüllt, dass du den Heiligen Geist belogen und etwas vom Geld für den Acker zurückbehalten hast? Hättest du den Acker nicht behalten können, als du ihn hattest? Und konntest du nicht auch, als er verkauft war, noch tun, was du wolltest? Warum hast du dir dies in deinem Herzen vorgenommen? Du hast nicht Menschen, sondern Gott belogen. Als Hananias diese Worte hörte, fiel er zu Boden und gab den Geist auf. Und es kam eine große Furcht über alle, die dies hörten. Da standen die jungen Männer auf und deckten ihn zu und trugen ihn hinaus und begruben ihn. Es begab sich nach einer Weile, etwa nach drei Stunden, da kam seine Frau herein und wusste nicht, was geschehen war. Aber Petrus sprach zu ihr: Sag mir, habt ihr den Acker für diesen Preis verkauft? Sie sprach: Ja, für diesen Preis. Petrus aber sprach zu ihr: Warum seid ihr euch denn einig geworden, den Geist des Herrn zu versuchen? Siehe, die Füße derer, die deinen Mann begraben haben, sind vor der Tür und werden auch dich hinaustragen. Und sogleich fiel sie zu Boden, ihm vor die Füße, und gab den Geist auf. Da kamen die jungen Männer und fanden sie tot, trugen sie hinaus und begruben sie neben ihrem Mann. Und es kam eine große Furcht über die ganze Gemeinde und über alle, die das hörten. Es geschahen aber viele Zeichen und Wunder im Volk durch die Hände der Apostel; und sie waren alle in der Halle Salomos einmütig beieinander. Von den andern aber wagte keiner, ihnen zu nahe zu kommen; doch das Volk hielt viel von ihnen. Desto mehr aber wuchs die Zahl derer, die an den Herrn glaubten – eine Menge Männer und Frauen –, sodass sie die Kranken sogar auf die Straßen hinaustrugen und sie auf Betten und Bahren legten, damit, wenn Petrus käme, wenigstens sein Schatten auf einige von ihnen fiele. Es kamen auch viele aus den Städten rings um Jerusalem und brachten Kranke und solche, die von unreinen Geistern geplagt waren; und alle wurden gesund. (Apg 5,1-16)

Liebe Schwestern und Brüder, Liebe Gemeinde!

Als Teenager hatte ich einen speziellen Ort, an dem ich meine Kabel aufbewahrte: sie waren unter meinem Bett. Dort sammelte sich mit der Zeit ein bunter Wirrwarr von Kabeln an. Wenn ich eines brauchte, dann zog ich sie einfach hervor und schaute, welches Kabel am besten zur Verwendung passen würde. Wieder einmal war es soweit und ich hatte mich für ein Kabel entschieden, das sich eignen würde für die Lautsprecher meiner Stereoanlage. Ich griff zur Metallschere und wollte mir ein Stück richtiger Länge davon zuschneiden. Diesen Moment des Schreckens mit begleitendem Herzflattern, in dem ich einen Schlag bekam und die Schere zu Boden fiel, werde ich wohl nie wieder vergessen. Ich hatte ein Kabel unter Strom erwischt, das angeschlossen war und ebenfalls unter meinem Bett lag! Wie gefährlich das damals war, kann ich nicht abschätzen – aber ungefährlich war es jedenfalls nicht.

Strom kann Licht geben. Strom kann den Rasenmäher und den Geschirrspüler antreiben. Strom kann Wasser aufheizen und Lebensmittel kühlen. Und: Strom kann verletzen und töten. Als unsere Kinder klein waren, haben wir die Steckdosen in der Wohnung mit Blindsteckern geschützt, damit unsere Kleinen nicht mit ihren feuchten Fingern mit Strom in Berührung kommen. Wir kennen die Warnschilder an Bahnhöfen und Strommasten: Vorsicht Starkstrom! Und wir wissen von Menschen, die tatsächlich durch einen Stromschlag ums Leben kamen - wie beispielsweise jener Angler, der 2011 in Österreich beim Fischen ums Leben kam:

Dem Angler wurde die 30-kV-Leitung zum Verhängnis, die über dem Gewässer surrt. Christian H. warf seine sieben Meter lange Karbonangel aus. Ein Blitz zuckte, und der Fischer wurde aus seinem Sessel geschleudert. „Der Strom hat mich getroffen! Der Strom hat mich getroffen!“, rief der 39-Jährige noch. Augenblicke später verlor Christian H. das Bewusstsein. Freunde und Angehörige kämpften um sein Leben, Notarzt und Rettungsteam versuchten eine Stunde lang den Verunglückten wiederzubeleben. Letztlich kam jede Hilfe zu spät, Christian H. starb noch an der Unfallstelle. Möglicherweise hat der Angler mit Schnur und Rute gar nicht die Starkstromleitung berührt. Bei 30.000 Volt besteht auch im Umkreis von einigen Metern Lebensgefahr. Ein Lichtbogen kann vom Draht überspringen und einen tödlichen Schlag versetzen.

Mir hilft das Bild vom Starkstrom bei der Annäherung an die ganze Apostelgeschichte. Wenn wir von dieser ersten Zeit lesen, in der sich der christliche Glaube von Jerusalem aus ins römische Reich ausbreitete, dann spürt man beim Geschilderten deutlich, dass hier eine starke Kraft im Spiel war, die weit über das normal Übliche und normal Menschliche hinausging. Diese starke Kraft Gottes wirkte meistens segensreich, hilfreich, heilsam, versöhnlich und befreiend. Aber punktuell vernehmen wir auch, dass diese Gotteskraft tödlich war wie Starkstrom! Wie eben hier bei diesem Ehepaar Hananias und Saphira.

Wenn wir sorgfältig lesen und vor allem im Zusammenhang lesen, dann stellen wir fest, dass vorher und nachher davon berichtet wird, wie die starke Kraft Gottes – der Heilige Geist – befreit und heilt. Die befreiende Wirkung äussert sich darin, dass Frauen und Männer in ein befreites Verhältnis mit ihrem Besitz kommen. Wir lesen:

Die Menge der Gläubigen aber war ein Herz und eine Seele; auch nicht einer sagte von seinen Gütern, dass sie sein wären, sondern es war ihnen alles gemeinsam. Und mit großer Kraft bezeugten die Apostel die Auferstehung des Herrn Jesus, und große Gnade war bei ihnen allen. Es war auch keiner unter ihnen, der Mangel hatte; denn wer von ihnen Äcker oder Häuser besaß, verkaufte sie und brachte das Geld für das Verkaufte und legte es den Aposteln zu Füßen; und man gab einem jeden, was er nötig hatte. Josef aber, der von den Aposteln Barnabas genannt wurde – das heißt übersetzt: Sohn des Trostes –, ein Levit, aus Zypern gebürtig, der hatte einen Acker und verkaufte ihn und brachte das Geld und legte es den Aposteln zu Füßen.

Nun gibt es ein weit verbreitetes Missverständnis und das lautet: die ersten Christen hätten alle in ihrem überschwänglichen und unrealistischen Glaubensenthusiasmus – gleichzeitig ihre Häuser und Äcker verkauft und das Geld den Aposteln gebracht. Wer in der Apostelgeschichte weiterliest, der bemerkt das unsinnige Missverständnis spätestens in Kapitel 12. Denn dort versammelt sich die Gemeinde im Haus der offensichtlich wohlhabenden Mutter von Johannes Markus namens Maria – sie hat ihr Haus immer noch, aber sie stellt es der Gemeinde zur Benutzung zur Verfügung. Sie hat nicht verkauft, aber sie teilt! Der Clou ist gerade nicht der, dass alle verkauft haben, sondern dass alle geteilt haben.

Als Beispiel für einen, der nun tatsächlich verkauft hat und das Geld vollumfänglich den Apostel gebracht hat, wird Barnbas erwähnt. Sein Beispiel bringt nun weitere Männer und Frauen zum Nachdenken und zum Handeln. Doch in einem Fall geht die Sache gründlich daneben – im Fall von Hananias und Saphira eben. Zuerst erfahren wir also ein positives Beispiel eines Verkaufs – dann ein negatives. Was ist das Problem?

Das Problem ist: Vorspiegelung falscher Tatsachen. Sie bringen das Geld aus dem Verkauf und tun so, wie wenn das der ganze Erlös wäre. Das Problem ist: Täuschung. Das Problem ist: Heuchelei. Wir sind zwar alle – hoffentlich – gegen Täuschung und Heuchelei, aber das Irritierende für uns ist, dass die starke Kraft Gottes nun sofort eingreift, sofort zur Rechenschaft zieht, sofort straft und richtet, sofort tötet. Ohne Gelegenheit zur Umkehr. Ohne Vorwarnung. Wo kämen wir denn hin, wenn der lebendige Gott heute auf gleiche Weise in seiner Kirche handeln würde? Wo kämen wir hin, wenn der lebendige Gott Dich und mich, uns alle so unmittelbar, so zeitnah, so direkt, so unverblümt, so konsequent zur Rechenschaft ziehen würde? Das schreckt uns auf – zu Recht! Und es ist wichtig, dass wir dieses Aufschrecken nicht durch fromme Beruhigungspillen abschwächen. Wenn wir es mit dem lebendigen Gott zu tun haben, der Himmel und Erde geschaffen hat – und mit Jesus, dem Gekreuzigten und Auferstandenen, dem Messias Israels und dem Erlöser der Welt – und mit der starken Kraft Gottes, dem Heiligen Geist – dann ist das alles anderes als harmlos. Da ist aller Respekt angesagt – und die ganze Bibel leitet uns an zu diesem Respekt gegenüber Gott und seiner Heiligkeit. Hananias und Saphira erinnern uns daran.

Ungewohnt ist für uns die Tatsache, dass die Spender unter die Lupe genommen werden. Wir sind es ganz anders gewohnt: die Empfänger legen Rechenschaft ab und lassen sich mit einem Gütesiegel zertifizieren. Schliesslich möchte man als Spender sichergehen, dass die Mittel entsprechend der Zweckbestimmung eingesetzt werden und die Verwaltungskosten im Rahmen bleiben. Doch: Welche wohltätige Organisation heute unterzieht ihre Spender einer eingehenden Prüfung? Der Volksmund sagt: „Einem geschenkten Gaul schaut man nicht ins Maul.“ Doch hier in der Apostelgeschichte wird der Gaul geprüft – und die Spender des Gauls noch dazu. Und beide bestehen die Prüfung nicht.

Petrus stellt dem Hananias drei Fragen: Hättest du den Acker nicht behalten können, als du ihn hattest? Und konntest du nicht auch, als er verkauft war, noch tun, was du wolltest? Warum hast du dir dies in deinem Herzen vorgenommen? Sie hätten ja den Acker behalten können – oder nach dem Verkauf hätten sie sogar den Erlös behalten können. Beides wäre viel besser gewesen als dieses halbherzige Bringen. Petrus unterstreicht die Freiwilligkeit christlichen Gebens und setzt dahinter ein dickes Ausrufezeichen. Geben ist gut und richtig und wichtig - aber nur, wenn es freiwillig geschieht. Je länger man über die Geschichte nachdenkt, desto mehr rätselt man darüber, warum Hananias und Saphira das überhaupt getan haben. Wollten sie als grossartige Spender dastehen? Wollten sie von Menschen geehrt werden? Wollten sie sich frömmer präsentieren, als sie wirklich waren? Wir erfahren es nicht. Aber eines erfahren wir: Gott ist vehement gegen Heuchelei. Sie ist ihm schlicht ein Greuel.

Zum Schluss noch dies: Wollen wir wirklich Starkstrom in der Kirche heute? In der Apostelgeschichte sehen wir die Wirkungen der starken Kraft Gottes. Frauen und Männer treten in ein unbeschwertes Verhältnis zu ihrem Besitz und teilen ihn. Das Evangelium vom Gekreuzigten und Auferstandenen wird kraftvoll verkündigt und strahlt aus. Kranke werden gesund, Gebundene befreit, Menschen kommen zum Glauben und zur Gemeinde. Ich höre vielfältig, dass wir das gerne auch wollen: Heilung, Befreiung, kraftvolle Verkündigung, handfeste Diakonie, Segen in Fülle. Das ist aber nur die eine Seite! Die andere Seite ist die Heiligkeit Gottes – und der Respekt unsererseits gegenüber dem Gott, der uns in Jesus begegnet. Wenn wir wirklich Starkstrom wollen, dann ist beides dabei. Wollen wir das? Willst Du das?

AMEN!

Anerkennung und Ablehnung

Es erhoben sich aber der Hohepriester und alle, die mit ihm waren, nämlich die Partei der Sadduzäer, von Eifersucht erfüllt, und legten Hand an die Apostel und warfen sie in das öffentliche Gefängnis. Aber der Engel des Herrn tat in der Nacht die Türen des Gefängnisses auf und führte sie heraus und sprach: Geht hin und tretet im Tempel auf und redet zum Volk alle Worte des Lebens. Als sie das gehört hatten, gingen sie frühmorgens in den Tempel und lehrten. Der Hohepriester aber und die mit ihm waren, kamen und riefen den Hohen Rat und alle Ältesten in Israel zusammen und sandten zum Gefängnis, sie zu holen. Die Knechte gingen hin und fanden sie nicht im Gefängnis, kamen zurück und berichteten: Das Gefängnis fanden wir fest verschlossen und die Wächter vor den Türen stehen; aber als wir öffneten, fanden wir niemanden darin. Als der Hauptmann des Tempels und die Hohenpriester diese Worte hörten, wurden sie betreten und wussten nicht, was daraus werden sollte. Da kam jemand, der berichtete ihnen: Siehe, die Männer, die ihr ins Gefängnis geworfen habt, stehen im Tempel und lehren das Volk. Da ging der Hauptmann mit den Knechten hin und holte sie, doch nicht mit Gewalt; denn sie fürchteten sich vor dem Volk, dass sie gesteinigt würden. (Apg 5,17-26)

Liebe Schwestern und Brüder, Liebe Gemeinde!

Was hat denn Männer angetrieben, zuerst auf einem anderen Kontinent oder am Nordpol oder am Südpol oder auf dem Mond zu sein? Was bringt Frauen und Männer dazu, zusätzlich zum Beruf vierzig Stunden pro Woche zu trainieren, um an die Olympiade zu fahren? Was treibt Menschen an, ihre Ehe und Familie für ihre Karriere zu opfern? - Ehrgeiz? Freude an der Sache? Wohl nicht zuletzt dies: die Suche nach Anerkennung.

Blickwechsel. Wir sehen die erste christliche Kirche in Jerusalem. Und wir erfahren in den ersten Kapiteln der Apostelgeschichte, wie diese erste Kirche bei den Menschen angekommen ist. „Sie fanden Wohlgefallen beim ganzen Volk.“

(2,47) „Das Volk hielt viel von ihnen.“ (5,13) Mit anderen Worten: die erste Kirchc fand tatsächlich Anerkennung bei den Menschen in Jerusalem. Anerkennung für das, was sie war. Anerkennung für das, was sie tat und wie sie lebte. Anerkennung für das, was sie sagte. Anerkennung nicht bei allen, aber offenbar Anerkennung bei vielen.

Wie sieht das heute aus – hier bei uns? Hält unsere Bevölkerung viel von der Kirche? Geniessen Christinnen und Christen gegenwärtig Wohlwollen und Anerkennung? Doch bevor wir damals und heute in einen zu starken Kontrast setzen - gerade haben wir ja erfahren, dass es in Jerusalem nicht nur freundliche Anerkennung gab, sondern auch handfeste Ablehnung. Um das zu verstehen, muss man kurz zurückblättern. Nach dem gewaltigen Ereignis von Pfingsten, so wird uns berichtet, wird dieser von Geburt an gelähmte Bettler am Tempeltor geheilt. Und anschliessend verkündet Petrus in der Säulenhalle im Inneren des Tempels das Evangelium von Jesus. Da bahnt sich ein Konflikt an. Denn der Tempel aber steht unter der Aufsicht des Hohepriesters und seines Anhangs, die religiös zur Gruppe der Sadduzäer gehören. Diese Leute müssen schauen, dass im Tempel nichts geschieht, was die römische Besatzungsmacht beunruhigen und auf den Plan rufen könnte. Aufläufe und Unruhen sind daher unerwünscht und sollen im Keim erstickt werden. So rücken die Ordnungsmächte aus, um Petrus und Johannes zu verhaften und zu verhören. Sie werden vor den Hohen Rat gestellt, den der Hohepriester präsidiert. Die Beunruhigung dort ist gross, denn man hatte gemeint, dass mit der Verurteilung und Kreuzigung Jesu die Bewegung um ihn zum Erliegen komme. Doch nun treten seine Nachfolger in aller Öffentlichkeit auf und Petrus verkündigt im Tempel vor Tausenden, dass der gekreuzigte Jesus auferstanden sei und lebe. Dem auferstandenen und erhöhten Jesus und der Kraft seines Namens sei auch diese Heilung zu verdanken. Da bekommen Petrus und Johannes vom Hohen Rat ein offizielles Verbot, weiter von Jesus zu reden. Doch das bringt gar nichts. Petrus und Johannes und die übrigen Apostel können gar nicht schweigen. Das Evangelium von Jesus nimmt weiter seinen Lauf, eine regelrechte Heilungswelle bricht herein (Apg 5,12-16) und die Kirche wächst ungebrochen.

Was soll man da tun? Der Hohepriester und sein Anhang müssen schlicht und ergreifend zur Kenntnis nehmen: ihre Massnahmen haben gar nichts gefruchtet. Im Gegenteil: die Bewegung greift explosionsartig weiter um sich. Sie stellen sich zwar mit aller Macht entgegen, aber irgendwie wirken ihre Anstrengungen hilflos, wenn sie jetzt den Druck erhöhen und die Schraube weiter anziehen. Diesmal verhaften sie nicht nur Petrus und Johannes, sondern gerade alle Apostel. Sie setzen ein Zeichen und werfen sie ins öffentliche Gefängnis. Das ist die Logik der Unterdrückung. Man versucht die führenden Leute einer Bewegung einzuschüchtern und aus dem Verkehr zu ziehen, sie ins Gefängnis zu werfen und als ultima ratio umzubringen. Kein Wunder greifen die Mächtigen hier nach den Aposteln: sie sind die führenden Köpfe der Jesus-Bewegung.

Nun muss man wissen, dass die religiöse Gruppe der Sadduzäer dafür bekannt war, dass sie nicht an die Auferstehung glaubte. Deshalb war ihnen natürlich die Verkündigung von der Auferstehung Jesu ein Dorn im Auge. Und die Sadduzäer konnten auch mit Engeln nichts anfangen. Es spricht für den Humor Gottes, dass er sich auf die Seite der unterdrückten und verfolgten Apostel stellt und dazu ausgerechnet einen Engel einsetzt. Und zwar nicht irgendeinen Engel, sondern den Engel des Herrn – aus dem Alten Testament bekannt für die ganz grossen und wichtigen Einsätze für das Gottesvolk. Wenn man den Vergleich nicht scheut, dann wäre das der Top-Agent eines grossen Geheimdienstes … Dieser Top-Agent holt die Apostel da aus dem Gefängnis und gibt ihnen den Auftrag, genau dort weiterzumachen, wo sie vor der Verhaftung dran waren. In der Sprache der Bibel klingt das so:

Aber der Engel des Herrn tat in der Nacht die Türen des Gefängnisses auf und führte sie heraus und sprach: Geht hin und tretet im Tempel auf und redet zum Volk alle Worte des Lebens. Als sie das gehört hatten, gingen sie frühmorgens in den Tempel und lehrten.

Zum zweiten Mal treffen wir hier den Humor Gottes, wie er die Mächtigen überlistet und den Aposteln Tür und Tor öffnet. Man muss sich das nur vorstellen. Der Hohepriester schläft. Die Sadduzäer schlafen. Die Mitglieder des Hohen Rates schlafen. Das normal menschliche Denken sagt ihnen: Jetzt sind die Unruhestifter im Gefängnis. Jetzt sind sie in unserer Hand. Jetzt können wir dem Spuk ein Ende bereiten. Doch während sie noch schlafen, sind die Apostel bereits wieder auf freiem Fuss. Und als man sie am Morgen in die Sitzung des versammelten Hohen Rates holen will, da ist das Gefängnis schlicht leer. Alles sieht ordentlich aus, aber die Apostel sind verschwunden. Dafür haben die Sadduzäer natürlich keine vernünftige Erklärung, denn Engel gibt es bei ihnen ja gar nicht!

Mir gefällt dieser Ausdruck hier, den der Engel braucht. Was sollen die Apostel den Menschen sagen? Wir wissen, dass sie das Evangelium verkündigen von Jesus, dem Gekreuzigten und Auferstandenen – das Evangelium von Jesus, dem Gott-mit-uns, dem Befreier und Erlöser, dem Messias. Aber der Engel braucht hier einen interessanten Ausdruck für diese Botschaft: alle Worte des Lebens! Wenn die Apostel reden, dann reden sie vom Leben. Vom Leben, das untrennbar mit Jesus verknüpft ist. Vom Leben in der Fülle. Vom Leben, das den Tod besiegt. Vom ewigen Leben durch die Auferstehung Jesu von den Toten. Vom Leben, das stärker ist als alle Mächte des Todes und der Zerstörung. Wenn die Apostel von Jesus reden, dann reden sie so vom Leben. Was sie sagen, sind Worte des Lebens. Und sie sollen nicht sparen, sondern alle Worte des Lebens reden. Also nicht irgendein Schmalspur-Evangelium, sondern den ganzen Ratschluss Gottes (vgl Apg 20,27) in Jesus verkünden. Seine Worte und seine Taten. Sein Leben und sein Wirken. Sein Tod und seine Auferstehung. Seine Erhöhung und sein Wiederkommen zum Finale.

Liebe Schwestern und Brüder, Liebe Gemeinde,

es gibt Zeiten, da wird die Verkündigung von Jesus und das Wirken der Kirche gesehen, geachtet, respektiert und geschätzt – und es gibt Zeiten, wo dies nicht der Fall ist. Oft geschieht es sogar gleichzeitig. Es gibt Frauen und Männer und Kinder und Jugendliche und Senioren, die auf das Evangelium eingehen und andere, die nicht darauf eingehen. Es gibt für Jesus und die Menschen, die ihm nachfolgen, manchmal Anerkennung und manchmal Ablehnung. Hier in den erste Kapiteln der Apostelgeschichte läuft es parallel. Anerkennung erhalten sie eher von unten – vom Volk. Ablehnung eher von oben – von den Mächtigen. Es kann aber auch genau umgekehrt sein, wenn man den weiteren Verlauf der Apostelgeschichte dazunimmt. Ich möchte es so zusammenfassen: Anerkennung und Ablehnung sind zwingende Begleiterscheinungen, wenn das Evangelium von Jesus auf den Leuchter kommt.

Meine Schlüsselfrage ist nun die: Wie abhängig sind wir als einzelne Christinnen und Christen davon, ob Andere in unserer Umgebung, in der Nachbarschaft, am Arbeitsplatz, in der Familie und Verwandtschaft usw. unseren Glauben an den Gekreuzigten und Auferstandenen anerkennen oder ablehnen? Weiter gefasst: Wie abhängig sind unsere Kirchgemeinden und Kirchen davon, ob wir in Öffentlichkeit und Gesellschaft anerkannt oder abgelehnt werden? Was macht das mit uns, wenn das eine oder das andere geschieht? Wenn uns beispielsweise Medien loben - oder uns in die Pfanne hauen?

Mich haben diese Fragen in Unruhe versetzt, weil mir sofort der Gedanke kam, ob wir als Einzelne und als Kirche nicht viel zu stark von den Reaktionen unserer Umgebung abhängig sind. Überspitzt gesagt: dass wir dann für unsere Botschaft einstehen und sie weitergeben, solange wir anerkannt werden - und dass wir dann schweigen, wenn uns Ablehnung und Widerstand entgegenschlägt. Auf die Spitze getrieben: Sind wir als Einzelne und als Kirche in die Abhängigkeit von Anerkennung und Ablehnung geraten? Sind wir befangen und gefangen in dem, was Andere gerade finden? Oder sind frei – oder wie die Apostelgeschichte es mehrfach sagt – freimütig, das Evangelium von Jesus zu bekennen und zu leben?

Bei den Aposteln stelle ich fest – und das zeigt mir die Kraft ihrer Botschaft von Jesus und die Kraft des Heiligen Geistes, der sie erfüllt und durch sie wirkt … – die Apostel stehen einfach zu ihrem Herrn und Meister. Und zwar unabhängig davon, ob das nun gerade Anerkennung findet – oder Ablehnung. Sie stehen dazu vor dem wohlwollenden Publikum im Tempel und genauso im Verhör vor dem Hohen Rat mit seinen überwiegend ablehnenden Mitgliedern. Sie stehen zu Jesus, dem Gott-mit-uns, ob mit Rückenwind oder im Gegenwind. Ob es Streicheleinheiten gibt oder Schläge. Ob es Lob oder Schelte absetzt.

Liebe Brüder und Schwestern. Was machen wir mit dieser Geschichte? Nun weiss ich, dass es viel zu kurz greift, jetzt einfach dazu aufzufordern, die Apostel von damals samt ihrem Mut und ihrer Kühnheit nachzuahmen. Nein – so geht es nicht! Vielmehr brauchen wir wie sie die gleiche Kraft des Gottesgeistes von Pfingsten. Nur so kann es gelingen. Denn nur in dieser Kraft konnten sie so leben, so handeln, so reden. Nur so können auch wir zum Gekreuzigten und Auferstandenen stehen – in Anerkennung und in Ablehnung.

Darum ist es sinnvoll und konsequent, wenn wir mit einem alten Pfingstlied um den Heiligen Geist bitten:

Wach auf, du Geist der ersten Zeugen, der Wächter, die auf Zions Mauer stehn, die Tag und Nächte nimmer schweigen, die unverzagt dem Feind entgegengehn; ja deren Schall die ganze Welt durchdringt und alle Völker Scharen zu dir bringt. (RG 797,1)

AMEN!

Nicht zu bremsen

Und sie brachten sie und stellten sie vor den Hohen Rat. Und der Hohepriester fragte sie und sprach: Haben wir euch nicht streng geboten, in diesem Namen nicht zu lehren? Und seht, ihr habt Jerusalem erfüllt mit eurer Lehre und wollt das Blut dieses Menschen über uns bringen. Petrus aber und die Apostel antworteten und sprachen: Man muss Gott mehr gehorchen als den Menschen. Der Gott unsrer Väter hat Jesus auferweckt, den ihr an das Holz gehängt und getötet habt. Den hat Gott durch seine rechte Hand erhöht zum Fürsten und Heiland, um Israel Buße und Vergebung der Sünden zu geben. Und wir sind Zeugen dieses Geschehens und mit uns der Heilige Geist, den Gott denen gegeben hat, die ihm gehorchen. Als sie das hörten, ging's ihnen durchs Herz und sie wollten sie töten. Da stand aber im Hohen Rat ein Pharisäer auf mit Namen Gamaliel, ein Schriftgelehrter, vom ganzen Volk in Ehren gehalten, und ließ die Männer für kurze Zeit hinausführen. Und er sprach zu ihnen: Ihr Männer von Israel, seht genau zu, was ihr mit diesen Menschen tun wollt. Denn vor einiger Zeit stand Theudas auf und gab vor, er wäre etwas, und ihm hing eine Anzahl Männer an, etwa vierhundert. Der wurde erschlagen und alle, die ihm folgten, wurden zerstreut und vernichtet. Danach stand Judas der Galiläer auf in den Tagen der Volkszählung und brachte eine Menge Volk hinter sich zum Aufruhr; und der ist auch umgekommen und alle, die ihm folgten, wurden zerstreut. Und nun sage ich euch: Lasst ab von diesen Menschen und lasst sie gehen! Ist dies Vorhaben oder dies Werk von Menschen, so wird's untergehen; ist es aber von Gott, so könnt ihr sie nicht vernichten – damit ihr nicht dasteht als solche, die gegen Gott streiten wollen. Da stimmten sie ihm zu und riefen die Apostel herein, ließen sie geißeln und geboten ihnen, sie sollten nicht mehr im Namen Jesu reden, und ließen sie gehen. Sie gingen aber fröhlich von dem Hohen Rat fort, weil sie würdig gewesen waren, um Seines Namens willen Schmach zu leiden, und sie hörten nicht auf, alle Tage im Tempel und hier und dort in den Häusern zu lehren und zu predigen das Evangelium von Jesus Christus. (Apg 5,27-42)

Liebe Schwestern und Brüder, Liebe Gemeinde!

Da hat es der Postbote gebracht und nun habt ihr es in den Händen. Einen eingeschriebenen Brief – oder ein Paket. Ihr wundert Euch darüber. Ist da etwas irrtümlich zu mir gekommen? Wozu dieser Brief? Wozu dieses Paket? Ich erwarte doch gar nichts. Ich habe doch gar nichts bestellt. Nun kommt der entscheidende Schritt nach der Verwunderung. Ihr fragt Euch: Wer schickt mir diesen Brief – oder dieses Paket? Wer ist der Absender? Ihr sucht nach einer Adresse. Manchmal löst sich dadurch das Rätsel. Manchmal auch erst, wenn man das Paket öffnet oder den Brief liest.

Israel hat innert kurzer Zeit – im Bild gesprochen - gleich mehrere Postsendungen ins Haus geliefert bekommen. Zunächst trat Johannes der Täufer auf, forderte zur Umkehr auf und taufte am Jordan. Sein Outfit wild. Seine Botschaft radikal und kompromisslos. Die grosse Frage war: Wer ist der „Absender"? Kommt er von Gott? Oder handelt er einfach aus menschlichen Impulsen? Dann trat kurz danach Jesus auf, wirkte drei Jahre öffentlich, verkündete das Gottesreich, heilte Kranke, zog in Jerusalem ein, redete im Tempel, wurde verhaftet, vom Hohen Rat verhört und verurteilt, schliesslich wie ein Verbrecher gekreuzigt. Und wieder war das die grosse Frage: Wer war der „Absender"? War es der Schöpfer von Himmel und Erde, der Gott Abrahams, Isaaks und Jakobs, der Gott Israels, der diesen Jesus gesandt hatte?

Mit der Kreuzigung Jesu schien für die Meisten damals die Akte Jesus geschlossen und erledigt. Seine Nachfolger würden sich wohl zerstreuen. Die Bewegung um ihn würde im Sand verlaufen und die Spuren am Ufer würden von den Wogen der Geschichte weggespült wie andere messianische Bewegungen. Er wäre einfach einer der vielen, die sich für etwas Besonderes gehalten hatten und für kurze Zeit als Messias verehrt wurden. Doch damit fertig. Schluss. Aus. Ende.

Doch das ist nun genau das Verblüffende! Jetzt geht es ganz anders weiter. Die Jünger zerstreuen sich nicht, sondern sie bleiben zusammen in Jerusalem. Die Jesus-Bewegung bricht nach der Kreuzigung Jesus nicht in sich zusammen, sondern das Gegenteil geschieht. Die Kerngruppe wächst seit Pfingsten explosionsartig innert kürzester Zeit auf ein paar tausend Anhänger an. Die Apostel gehen weiterhin in den Tempel. Sie verkünden dort öffentlich und in den Privathäusern den Namen Jesu und sagen den Menschen: Gott hat ihn auferweckt vom Tod. Kehrt um! Lasst euch taufen! Empfangt Vergebung! Sie verkünden den Sieg Jesu über die Grossmacht des Todes. Und sie heilen den gelähmten Bettler am Tempeltor, der schon seit vielen Jahren Tag für Tag dort bettelte – ein Paukenschlag für die Öffentlichkeit. Was hat das zu bedeuten, wenn so etwas am Eingang zum Tempel geschieht? Den kannten doch alle, die auf dieser Seite in den Tempelbezirk hinein gingen. Ein PR-wirksameres Wunder kann ich mir nicht vorstellen.

Nun werden die Behörden aktiv. Das ist der Hohe Rat und sein Vorsitzender, der Hohepriester. Die höchste Behörde für alle religiösen und politischen Fragen, die die römische Besatzungsmacht nicht bearbeiten wollte. Im Hohen Rat waren zwar Sadduzäer in der Mehrheit und Pharisäer in der Minderheit, doch genossen die Pharisäer mehr Respekt beim Volk. Der Hohepriester trug ausserdem die oberste Verantwortung für den Tempelbezirk, wo sich jetzt täglich Tausende versammelten, um die Lehre der Apostel zu hören. Kein Wunder, dass alle beunruhigt sind. Kein Wunder, dass sie aktiv werden.

Und damit sind wir bei unserem Bibelwort. Vorausgegangen ist bereits die dritte Verhaftung. Die erste war nach dieser Heilung des gelähmten Bettlers und der anschliessenden Verkündigung von Petrus im Tempelbezirk. Damals mussten sich Petrus und Johannes vor dem Hohen Rat verantworten. Das Ergebnis, wie es die Apostelgeschichte berichtet, war: „Und sie riefen sie und geboten ihnen, keinesfalls zu reden oder zu lehren in dem Namen Jesu." (4,18) Doch es bringt gar nichts. Die Apostel berufen sich auf einen göttlichen Auftrag, machen weiter und die Jesus-Bewegung wächst ungebrochen. Der Hohepriester und sein

Anhang werden wieder aktiv. Es kommt es zur zweiten Verhaftung. Diesmal inhaftieren sie alle Apostel. Doch dort im Gefängnis – so schildert es die Apostelgeschichte – werden sie von einem Sondergesandten Gottes, vom Engel des Herrn wieder befreit. Und schon treffen wir sie wieder im Tempel an, wie sie das Volk lehren von Jesus. Jetzt werden sie das dritte Mal verhaftet. Wieder folgt ein Verhör vor dem Hohen Rat. Der Hohepriester als Vorsitzender eröffnet die Sitzung mit der Anklage. Doch zur Verblüffung der Anwesenden besteht die Verteidigung von Petrus in der Verkündigung der Jesus-Botschaft – jetzt auch gegenüber dem Hohen Rat. Und Petrus ruft dem Rat seine Verantwortung im Prozess Jesu in Erinnerung. Das Ziel ist aber nicht, sich zu rächen oder Ratsmitglieder fertig zu machen, sondern auch denen, die an der Verurteilung Jesu beteiligt waren, die Türe aufzustossen zur Umkehr und zur Vergebung. Frohe Botschaft also! Doch es erreicht sie nicht.

Nun zwei ernstgemeinte Fragen dazu. Erstens. Hat Petrus recht, wenn er sagt: Man muss Gott mehr gehorchen als den Menschen? Und zweitens. Hat der pharisäische Ratsherr Gamaliel recht mit seinen Ausführungen?

Zur ersten Frage. Immer wieder haben Christinnen und Christen in den vergangenen 2000 Jahren diese Worte wiederholt: Man muss Gott mehr gehorchen als den Menschen. Mit anderen Worten: Wenn wir uns zwischen Gottes Anspruch und menschlichen Ansprüchen entscheiden müssen, dann hat der lebendige Gott Priorität. So weit – so klar. Doch was bedeutet das denn nun konkret? Wann kann ich mich als Christ mit Recht auf diesen Satz berufen – und wo wird er zum Feigenblatt? Wie klein oder wie gross ist der Anwendungs–radius? Kann ich mich beispielsweise darauf berufen, wenn mir die Höhe meiner Steuerrechnung nicht gefällt, obwohl diese aber nach den geltenden rechtlichen Grundsätzen erstellt wurde? Ich meine, Petrus hat recht mit diesem Satz. Aber die Anwendung ist nicht beliebig. Wir können ihn nicht einfach anwenden, wann und wo er uns gefällt. Es geht zuerst um die ganz grossen Fragen. Es geht darum, wenn die Kirche - wie hier - den Befehl erhält, das Evangelium zu verschweigen. Das kann sie nicht und das darf sie nicht, weil sie sonst schlicht aufhört, Kirche zu sein. Und darum muss sie widerstehen. Dieser Widerstand gilt für die Kirche und für die Mitglieder der Kirche auch dort, wo diese Unterdrückungsversuche – wie in unserer Gesellschaft - subtiler daher kommen. Im Rückblick ist auch den Meisten klar, dass dieser Widerstand durchgängig zwingend gewesen wäre, als jüdische Flüchtlinge vor siebzig Jahren an unseren Grenzen ankamen und dann in den sicheren Tod zurückgeschickt wurden. So viel steht fest: Wir brauchen Weisheit, Unterscheidungsvermögen und den göttlichen Geist, diesen Satz treffsicher einzusetzen. Wozu er sicher nicht dienen darf, ist zur Rechtfertigung von Bequemlichkeit und egoistischen Interessen. Doch darüber muss man schon nachdenken: Wo gibt es in meinem Leben, in unserem Alltag, in unserer Arbeitswelt, Bildung und Gesellschaft Situationen, in denen wir uns zwischen Gottes Anspruch und menschlichen Ansprüchen entscheiden müssen? Erkennen wir diese Situationen? Und wagen wir es, dann im Namen Jesu NEIN zu sagen und zu widerstehen?

Die zweite Frage, die Gamaliel betrifft, ist komplexer und vielschichtiger. Zunächst: Gamaliel der Ältere (auch Gamaliel I. genannt) ist nicht irgendwer, sondern einer der geachtetsten jüdischen Rabbis aller Zeiten. Er wirkte zwischen 25 und 50 unserer Zeitrechung und die Apostelgeschichte (22,3) bezeichnet ihn als Lehrer von Paulus. Die jüdische Tradition sagt über ihn: „Mit dem Tode Rabban Gamaliels, des Alten, hörte die Ehrfurcht vor dem Gesetz auf und starben Reinheit und Enthaltsamkeit.“ (Mischna Sota 9,15) Dieser Mann von Format tritt hier im kritischen Moment auf, wo es für die Apostel um Leben und Tod geht. Die Stimmung ist aufgeheizt. Es droht die Lynchung oder zumindest der Prozess mit Verurteilung zum Tod. In diesem Moment ergreift Gamaliel das Wort und mutet den erhitzten Gemütern etwas Denkarbeit zu.

Gedankenblitz: Wenn Gamaliel eine Zeitmaschine besteigen könnte, dann würde er wohl darüber staunen, dass sich die Jesus-Bewegung inzwischen über die ganze Welt verbreitet hat – und sich immer noch weiter ausbreitet. Und ich bin auch nicht sicher, ob er mit diesem Wissen nochmals den gleichen Ratschlag erteilen würde… Seinen beiden Beispielen (Theudas/Judas) ist zu entnehmen, dass er davon ausging, auch die Jesus-Bewegung würde sich von selbst erledigen und man sollte daher nicht eingreifen. (Übrigens lag Gamaliel mit seiner Einschätzung des Galiläers Judas falsch! Die Bewegung, die dieser initiiert hatte, hatte ich sich keineswegs einfach zerstreut, sondern entwickelte sich zur Gruppe der Zeloten und entfachte dreissig Jahre später den jüdischen Aufstand gegen die Römer, der mit der Eroberung Jerusalems und Massadas endete.)

Doch stimmt das grundsätzlich, was Gamaliel sagt? Sind Bewegungen, die sich durchsetzen, immer von Gott initiiert? Und Bewegungen, die kommen und gehen, grundsätzlich nicht von Gott? Ich meine: Für die Jesus-Bewegung trifft es zu. Aber für andere Bewegungen trifft es als tragfähiger Grundsatz nicht zu. Wenn wir auf die vergangenen Jahrhunderte und Jahrtausende zurückblicken, dann müssen wir ganz nüchtern feststellen, dass sich Mächte und Ideologien (wie beispielsweise Rassismus und Antisemitismus) gehalten haben, die garantiert nicht von Gott waren – und dass wunderbare Ansätze im Keime erstickt wurden, die bestens zum jüdisch-christlichen Erbe gepasst hätten. Damit will ich sagen: Gamaliels Rat eignet sich gerade nicht als Prinzip für alle Zeiten und als Einladung zu passivem Beobachten und Abwarten. Doch das ganz grosse Verdienst von Gamaliel bleibt ungeschmälert – und dafür sollte er auch von der Kirche respektiert und geachtet werden: Mit seinem Plädoyer hat er den Aposteln das Leben gerettet. Doch es war nur ein Teilerfolg. Auch er hat auch nicht verhindern können, dass sie geschlagen wurden und dass ihnen nochmals das gleiche Verkündigungsverbot eingeschärft wurde.

Der Bericht endet mit zwei Versen, die uns nachdenklich machen müssen – insbesondere uns wenig bedrängten Christinnen und Christen im Westen: Sie gingen aber fröhlich von dem Hohen Rat fort, weil sie würdig gewesen waren, um Seines Namens willen Schmach zu leiden, und sie hörten nicht auf, alle Tage im Tempel und hier und dort in den Häusern zu lehren und zu predigen das Evangelium von Jesus Christus.

Wie kann man da fröhlich weggehen? Nach diesem Verhör? Nachdem man nur knapp dem Tod entronnen ist? Nachdem man diese Schläge erhalten hat? Gemeint ist wohl die damals übliche Strafe von 39 Schlägen auf Rücken und Brust, die Paulus fünfmal erhalten hat (vgl 2. Kor 11,24). Diese Strafe ist alles andere als harmlos, kann sogar wegen den Verletzungen und dem Blutverlust lebensgefährlich sein. Wie kann man da fröhlich weggehen? Ich habe nur eine Erklärung: weil es ihre Verbundenheit mit ihrem Herrn und Meister Jesus nur noch mehr verstärkte. Sie hatten einen Teil des Leidens am eigenen Leib erfahren, das auch er getragen hatte auf dem Passionsweg zum Kreuz. Vielleicht erinnerten sie sich daran, dass Jesus präzis die Leiden seiner Jünger vorgezeichnet hatte. (vgl beispielsweise Mt 10,17ff) Vielleicht stand ihnen auch genau in diesem Moment die Seligpreisung ihres Meisters klar vor Augen: Selig seid ihr, wenn euch die Menschen um meinetwillen schmähen und verfolgen und reden allerlei Übles gegen euch, wenn sie damit lügen. Seid fröhlich und getrost; es wird euch im Himmel reichlich belohnt werden. Denn ebenso haben sie verfolgt die Propheten, die vor euch gewesen sind. (Mt 5,11-12)

Für uns mag es rätselhaft sein. Aber es ist genau diese „Freude in allem Leide", von der das alte Kirchenlied weiss. Kennen wir sie? Diese Freude im Leiden, weil der Gekreuzigte und Auferstandene, der Messias Israels und Erlöser der Welt uns in Zeit und Ewigkeit zur Seite steht und nie verlässt! In dir ist Freude in allem Leide, o mein lieber Jesu Christ! Durch dich wir haben himmlische Gaben, du der wahre Heiland bist, hilfest von Schanden, rettest von Banden. Wer dir vertrauet, hat wohl gebauet, wird ewig bleiben. Halleluja. Zu deiner Güte steht unser Gmüte, an dir wir hangen, in Freud und Bangen; nichts kann uns scheiden. Halleluja. (RG 652,1)
Das ist der tiefste Grund dafür, dass die Bewegung, die mit Jesus angefangen hat, mit den Aposteln weiterging, bis zum heutigen Tag anhält und dem Tag entgegenblickt, wo der Gekreuzigte und Auferstandene wiederkommt zum grossen Finale – durch nichts wirklich zu bremsen ist. Halleluja!

AMEN!

Probleme durch Wachstum

In diesen Tagen aber, als die Zahl der Jünger zunahm, erhob sich ein Murren unter den griechischen Juden in der Gemeinde gegen die hebräischen, weil ihre Witwen übersehen wurden bei der täglichen Versorgung. Da riefen die Zwölf die Menge der Jünger zusammen und sprachen: Es ist nicht recht, dass wir für die Mahlzeiten sorgen und darüber das Wort Gottes vernachlässigen. Darum, ihr lieben Brüder, seht euch um nach sieben Männern in eurer Mitte, die einen guten Ruf haben und voll Heiligen Geistes und Weisheit sind, die wir bestellen wollen zu diesem Dienst. Wir aber wollen ganz beim Gebet und beim Dienst des Wortes bleiben. Und die Rede gefiel der ganzen Menge gut; und sie wählten Stephanus, einen Mann voll Glaubens und Heiligen Geistes, und Philippus und Prochorus und Nikanor und Timon und Parmenas und Nikolaus, den Judengenossen aus Antiochia. Diese Männer stellten sie vor die Apostel; die beteten und legten die Hände auf sie. Und das Wort Gottes breitete sich aus und die Zahl der Jünger wurde sehr groß in Jerusalem. Es wurden auch viele Priester dem Glauben gehorsam. (Apg 6,1-7)

Liebe Schwestern und Brüder, Liebe Gemeinde!

Es ist der Frühling der Kirche – kurz nach Pfingsten. Die Kirche blüht richtig auf. Sie wächst stark – so wie das in der weltweiten Kirche gegenwärtig etwa in China oder im Iran geschieht. Zunächst sind es – im ersten Kapitel der Apostelgeschichte – nur die zwölf Apostel, die eine Gruppe von rund 120 Personen leiten. Mit Pfingsten wächst diese Gruppe immens: 3000 Menschen stossen an einem einzigen Tag dazu (Apg 2,41). Kurz darauf (Apg 4,4) sind es bereits 5000 Männer – insgesamt (mit Frauen) also wohl gegen 10‘000 Personen. Spitz gesagt: die Kirche startet in der Dimension eines kleinen Schulhauses mit einer Anzahl, die in 5-6 Schulklassen Platz hat – und umfasst nach kurzer Zeit so viele Personen, dass sie ein Viertel eines Fussballstadions füllen kann … Dass es da Probleme gibt, soll uns nicht erstaunen.

Es leuchtet ein, dass es für eine Gruppe von 120 Personen ganz andere Formen der Organisation braucht wie für eine Gruppe von gegen 10'000 Personen. Der britische Anthropologe Robin Dunbar (*1947) hat sich in seinen Forschungen mit Gruppengrössen beschäftigt. Dabei untersuchte er unter anderem 21 verschiedene „steinzeitliche" Gesellschaften („Jäger-Sammler") und erhob dabei interessanterweise eine Durchschnittszahl von 148,8 Menschen pro Dorfgemeinschaft. Im Weiteren stiess er auf Forschungsergebnisse, die belegen, dass militärische Verbände mit über 200 Personen ganz andere Organisationsformen brauchen als solche mit weniger als 200 Personen. Ein drittes Beispiel sind die christlich-sozialistischen Hutterer: sie haben eine strikte Regel, die eine Aufteilung der Gemeinschaft in zwei Kolonien verlangt, sobald sich die Zahl 150 Personen nähert. Ein viertes Beispiel ist die Firma Gore Associates („Gore-Tex"), die ihre Produktionseinheiten konsequent auf 150 Mitarbeitende begrenzt und ab dieser Zahl eine neue Einheit gründet. Fazit: Offenbar endet in der Grössenordnung von 150-200 Personen unsere menschliche Fähigkeit, mit anderen Menschen informelle Beziehungen zu unterhalten und eine gewisse Vertrautheit zu pflegen. (Alle Beispiele bei Malcolm Gladwell: The Tipping Point 169-192)

Eine weitere Grenze – neben der „magischen Zahl von 150" (wie Gladwell sie nennt) – ist die Anzahl Personen, die ein Mensch persönlich sehr gut kennen kann. Befragungen zeigen, dass das in der Regel 10-15 – im Durchschnitt 12 Personen sind. Ich finde das bemerkenswert, denn das ist exakt die Gruppengrösse der Jünger Jesu, der Apostel. Die menschliche Sozialkapazität informellen Umgangs und Vertrautheit endet in der Grössenordnung von 150 bis 200 Personen. Eine Gruppe, die diese 150er Grenze überschreitet und grösser wird, braucht ganz andere, klar strukturierte Organisationsformen. Und sie braucht vor allem überschaubare Untereinheiten, wenn man das kostbare Gut der Vertrautheit nicht ganz verlieren will.

An Pfingsten hat die erste Kirche diese „magische Zahl von 150" definitiv überschritten. Sofort lesen wir davon, dass sie sich nicht nur als ganze Gemeinde im Tempel versammelten, sondern auch in Kleingruppen „hin und her in den Häusern“ (Apg 2,46). Sofort wurde also die verlorene Vertrautheit durch überschaubare Kleingruppen wieder hergestellt. Diese Gruppen, die sich in damaligen Häusern versammeln konnten, waren schon allein durch die Architektur zahlenmässig begrenzt. Die durchschnittliche Gruppengrösse lag wohl im Bereich von 10-20 Personen. Das lernen wir hier: Eine wachsende Kirche bringt zwingend Probleme mit sich. Denn eine wachsende Kirche braucht andere Strukturen! Wer Wachstum wünscht, der wappne sich!

Hier ist Frühling der Kirche. Und ein Zeichen dieses Kirchenfrühlings ist das Teilen. Deshalb lesen wir von diesen annähernd 10‘000 Menschen: Es war auch keiner unter ihnen, der Mangel hatte ... (Apg 4,34) Kein Mangel an Nahrung, Kleidung und Wohnung. Eine ungeheure Behauptung – ein ungeheurer Anspruch. Stellt Euch das vor: 10‘000 – und kein Mangel! Doch genau hier setzt jetzt unser Wort ein.

Das Problem

In diesen Tagen aber, als die Zahl der Jünger zunahm, erhob sich ein Murren unter den griechischen Juden in der Gemeinde gegen die hebräischen, weil ihre Witwen übersehen wurden bei der täglichen Versorgung.

Kein Wunder, dass es bei der täglichen Versorgung der Notleidenden in dieser Grossgruppe von annähernd 10‘000 Personen Probleme gibt. Kein Wunder, dass einzelne Witwen übersehen werden. Kein Wunder, dass die Apostel langsam aber sicher den Überblick verlieren und an ihre Grenzen stossen.

Was für ein Trost für uns! In der hochgeschätzten ersten Kirche in Jerusalem gibt es – wie bei uns auch – Probleme. Dabei war doch Frühling der Kirche. Dabei blühte doch die Kirche richtig auf und wuchs immens. Dabei waren sie doch alle mit dem Heiligen Geist erfüllt. Richtig – und trotzdem gibt es hier ein gravierendes Problem. Ich finde das tröstlich.

Witwen waren in den damaligen gesellschaftlichen Gegebenheiten stark exponiert und extrem armutsgefährdet. Um sie geht es hier. Die Witwen der griechisch-sprechenden, ursprünglich aus der Diaspora stammenden Judenchristen werden bei der täglichen Versorgung gegenüber den einheimischen, judenchristlichen Witwen benachteiligt.

Wir lernen hier etwas über den einzigartigen Charakter der christlichen Kirche – und hierin liegt die Bekräftigung ihrer Zeugniskraft. Kirche durchbricht von Anfang an die menschliche Eigenart des „gleich und gleich gesellt sich gerne.“ Wir stellen fest, dass es in der ersten Kirche in Jerusalem Menschen gibt, die verschiedene Sprachen sprechen und aus verschiedenen Ländern stammen. Sie sehen verschieden aus und denken ganz verschieden. Kirche ist von Anfang an multiethnische und multikulturelle Kirche. Kennen wir diese Vielfalt – hier bei uns – in unserer Kirchgemeinde? In Jerusalem sind die Judenchristen mit griechischer Muttersprache eine Minderheit in dieser ersten Kirche – und ihre Witwen sind sozusagen die Minderheit der Minderheit.

Diese Witwen haben Hunger – und sie werden übersehen! Das ist ein echtes Problem – und die Leitung muss dieses Problem ernst nehmen! Kennen wir dieses „Übersehen-werden“? Wie habe ich mich denn damals gefühlt, als ich übersehen wurde, als niemand mich mit Namen grüsste, als ich wie Luft behandelt wurde, als keiner nach mir fragte? Ja, es ist ein Problem, wenn man Zuwendung und Beachtung wünscht und braucht – und dann übersehen wird.

Doch braucht es auch gerade in der christlichen Kirche genug Nüchternheit in dieser Sache. Unter Tausenden ist es unvermeidlich, dass Menschen übersehen werden. Man braucht zwingend kleinere überschaubare Einheiten mit neuen verantwortlichen Leiterinnen und Leitern, um dem zu begegnen. Nur so kann man verhindern, dass Menschen übersehen werden, die dazu gehören.

Der Lösungsweg

Zuerst die Frage: Wie hätten wir dieses Problem gelöst? Hätten wir gesagt: die leitenden Leute (konkret: die Apostel) sind doch dafür verantwortlich – die sollen sich jetzt auch darum kümmern – einfach zusätzlich? Das ist gängig in unseren Breitengraden – und leider auch in unseren Kirchen. Den gleichen Verantwortlichen (ich rede jetzt von Kirchenpflegen, Kirchenrätinnen und –räten, Synodalen, Pfarrpersonen etc) wird einfach immer mehr aufgebürdet und zugeschoben. Ich beobachte das mit Besorgnis. Das kann auf die Dauer nicht gut gehen! Die Apostel lehnen solches entschieden ab. Sie wissen, was ihre prioritäre Aufgabe ist: Lehre, Verkündigung, Gebet. Sie wissen, dass diese Mitte nicht preisgegeben werden darf, auch nicht für diakonische Aufgaben, so wichtig diese auch sind. Denn ohne Inhalt kann keine Kirche bestehen. Darum geht es hier. Die Apostel übernehmen nicht eine zusätzliche Aufgabe, sondern zusätzliche Menschen werden dafür berufen.

Die andere gängige Lösung bei uns wäre die Bildung einer Kommission, die das Problem diskutiert, analysiert, Experten beizieht, ein Paper verfasst, das dann wiederum diskutiert und analysiert wird. So dauert ein Lösungsverfahren vermutlich mindestens ein Jahr. Manchmal ist das sinnvoll, aber oftmals verrinnt dabei kostbare Zeit. Hätten wir hier eine Kommission gebildet? ... Vielleicht hätten wir auch einfach eine Aufteilung in zwei verschiedene Kirchen – eine für die Auswärtigen und eine für die Einheimischen – vorgenommen, um das Problem zu entschärfen. Oder zwei Mittagstische gebildet – für griechischsprechende Witwen einen um 12 Uhr, für die anderen um 13 Uhr. Vielleicht hätten wir auch eine Gebetsversammlung einberufen ...

Nichts von alldem geschieht hier. Mich beeindruckt die nüchterne Art, wie dieses Problem hier von den Aposteln und der ganzen Gemeinde angepackt wird. Zuerst anerkennen sie das Problem. Es braucht jetzt neue, frische Kräfte. Es braucht jetzt zusätzliche (!) Leute, die mit anpacken. Es braucht neue, tragfähige Strukturen, um dieses Problem zu lösen.

Der Lösungsweg, den die Apostel einschlagen, umfasst ein paar wenige, klar fassbare Elemente. Sie setzen klare Prioritäten. Sie entwickeln einen einfachen Plan. Sie sorgen dafür, dass die richtigen Leute gefunden und gewählt werden. Sie beauftragen diese und schicken sie an die Arbeit.

7 zusätzliche Personen werden gesucht – menschlich integer und geistlich reif. 7 Personen werden gesucht, aber die Apostel geben nur die Kriterien vor – gewählt werden sie von der Gemeinde. 7 Leute werden gesucht, gefunden, von den Aposteln anerkannt und unter Handauflegung in diese Aufgabe eingesetzt 7 Leute werden gesucht und gefunden - und diese sieben stammen alle ausgerechnet aus der „Problemgruppe". Man erkennt das daran, dass sie alle griechische Namen tragen. Sie kennen also das Problem genau und haben direkten Zugang zu diesen Witwen. Diejenigen, die nahe am Problem sind, werden ermächtigt und beauftragt.

Manchmal frage ich mich, ob nicht genau hier ein Schlüssel zur Problemlösung liegt in unseren Kirchen. Ein Einzelner oder eine Gruppe in einer Kirchgemeinde weist auf ein Problem hin. Das gibt es ja auch bei uns – immer wieder. Aber jetzt die Herausforderung: wenn Du ein Problem erkannt hast und möchtest, dass andere es lösen – könnte es nicht sein, dass unser Herr und Meister genau Dich beruft, Teil der Lösung zu sein? Dich beruft, einer der sieben Männer und Frauen zu sein, die anpacken? Dich beruft, Deine Gaben einzubringen zum Nutzen vieler?

Das Resultat

Und das Wort Gottes breitete sich aus und die Zahl der Jünger wurde sehr groß in Jerusalem. Es wurden auch viele Priester dem Glauben gehorsam.

Das ist das Resultat hier! Das Problem wurde zur Gelegenheit für weiteres Wachstum, zum Türöffner. Das Evangelium von Jesus zieht weitere Kreise – die Kirche wächst ungebremst weiter. Das Gotteswort breitet sich aus und die Zahl der Menschen, die Jesus nachfolgen, nimmt zu. Das wünschen wir uns. Nicht nur in Jerusalem damals, nicht nur in China und Iran heute – sondern auch bei uns im Herzen Europas – in der westlichen Welt. Möge das Evangelium von Jesus in uns, mit uns und durch uns neu Kreise ziehen.

AMEN!

Stephanus-Christen

Stephanus aber, voll Gnade und Kraft, tat Wunder und große Zeichen unter dem Volk. Da standen einige auf von der Synagoge der Libertiner und der Kyrenäer und der Alexandriner und einige von denen aus Zilizien und der Provinz Asien und stritten mit Stephanus. Doch sie vermochten nicht zu widerstehen der Weisheit und dem Geist, in dem er redete. Da stifteten sie einige Männer an, die sprachen: Wir haben ihn Lästerworte reden hören gegen Mose und gegen Gott. Und sie brachten das Volk und die Ältesten und die Schriftgelehrten auf, traten herzu und ergriffen ihn und führten ihn vor den Hohen Rat und stellten falsche Zeugen auf, die sprachen: Dieser Mensch hört nicht auf, zu reden gegen diese heilige Stätte und das Gesetz. Denn wir haben ihn sagen hören: Dieser Jesus von Nazareth wird diese Stätte zerstören und die Ordnungen ändern, die uns Mose gegeben hat. Und alle, die im Rat saßen, blickten auf ihn und sahen sein Angesicht wie eines Engels Angesicht. (Apg 6,8-15)

Liebe Schwestern und Brüder, Liebe Gemeinde!

Stephanus-Christen. Wisst Ihr, was Stephanus-Christen sind? Das sind Männer und Frauen, Jugendliche und Seniorinnen, die etwas gemeinsam haben mit Stephanus! Bist Du – bin ich ein Stephanus-Christ – eine Stephanus-Christin? Schauen wir genauer hin. Was hat Stephanus ausgezeichnet? Was war das gewisse „Etwas" in seinem Leben? Was könnte uns mit ihm verbinden?

Das, was wir von Stephanus wissen, kommt aus der Apostelgeschichte. Sein Name fällt zum ersten Mal, als er in Apg 6,5 als einer von sieben Personen ausgewählt wird, um das Problem der übersehenen Witwen der griechisch-sprechenden Judenchristen in Jerusalem zu lösen. Konkret: er wirkte mit an einem Besuchs- und Mahlzeitendienst – so würden wir das heute nennen. Das klingt wenig spektakulär. Stephanus war bereit, einen unscheinbaren Dienst zu tun und mitzuhelfen, ein drängendes Problem in der ersten christlichen Gemeinde zu lösen. Ein wunderbarer Anfang! Und wenn wir weiterlesen, dann wird schon nach zwei Seiten in Apg 8,3 über seine Bestattung berichtet. Er ist der erste christliche Märtyrer, von dem wir wissen. Seine Überzeugung, dass Jesus der Messias Israels und der Erlöser der Welt ist, hat er mit seinem Leben bezahlt. Dazwischen findet sich unser Bibelwort von Stephanus.

Es sind mindestens drei Aspekte, die Stephanus auszeichnen. Und darauf wollen wir uns nun konzentrieren. Erstens: er ist voll! Das klingt vielleicht etwas seltsam, wenn man von einem Mann oder einer Frau sagt, sie sei voll. Vielleicht würden wir auch sagen: Jemand ist erfüllt oder begeistert. Begeistert von einem Hobby vielleicht – und dann kann man nicht davon schweigen, man muss man davon erzählen. Oder ein Freund von mir erzählt fast bei jedem Wiedersehen begeistert von neuen Möglichkeiten seines Computers oder seines Smartphones – und kommt richtig ins Schwärmen dabei. Oder jemand ist voll verliebt – über beide Ohren verliebt. Oder jemand ist voll begeistert von einem Star, hört dessen Musik, sammelt seine CDs und trägt ein T-Shirt mit entsprechender Aufschrift. Das kann natürlich auch ein Tennis-As oder eine Triathletin sein. Verstörend ist es, wenn jemand voll ist – mit Alkohol. Aber auch dieses Beispiel zeigt, was geschieht, wenn jemand voll ist: das wirkt sich aus auf das ganze Leben.

In der Apostelgeschichte werden uns die Menschen der ersten Kirche als Menschen geschildert, die voll waren – erfüllt und begeistert von dem, was der lebendige Gott in Jesus Christus, durch sein Kreuz und seine Auferstehung für uns und für diese Welt getan hat. Auf Schritt und Tritt wird von Einzelnen gesagt, dass sie voll waren - und sogar von der ganzen Kirche wird das Gleiche gesagt. Zum ersten Mal an Pfingsten. Diese Menschen wurden mit der Kraft von Gott, mit seinem Heiligen Geist erfüllt. Nur so ist zu verstehen, was uns in der Apostelgeschichte berichtet wird. Der lebendige Gott selber ist hier am Werk – durch Menschen wie Du und ich, die von Gottes Geist erfüllt sind.

Auch Stephanus wird uns fünfmal so geschildert. Voll Heiligen Geistes ist er (Apg 6,3). Voll Weisheit ist er (6,3). Voll Glaube ist er (6,5). Voll Gnade ist er (6,7). Voll Kraft ist er (6,7). Und sogar bei seiner Hinrichtung wird das nochmals bekräftigt: Er ist voll Heiligen Geistes (7,55). Und er betet sogar noch für seine Peiniger um Vergebung, als er hingerichtet wird (7,60).

Nun ist es wichtig, dass wir nicht einfach staunend und bewundernd vor Stephanus stehen bleiben und gebannt auf ihn schauen. Es ist wichtig, dass wir ihn zwar achten und ehren, aber dass wir ihn nicht auf einen zu hohen Sockel stellen und ihn so für uns unerreichbar machen. Stephanus war ein Mensch wie Du und ich. Sein Geheimnis war nicht er selbst, sondern Gott und seine Kraft, die in ihm lebte. Sein Geheimnis war der Heilige Geist, der ihn erfüllte. Nur in diesem Licht können wir verstehen, was uns hier berichtet wird. Und nur in diesem Licht können wir verstehen, dass der lebendige Gott uns alle und jedes Einzelne von uns genauso erfüllen will wie ihn. Darum ist es mehr als sinnvoll, dieses kurze altchristliche Gebet zu sprechen: „Komm, Heiliger Geist, erfülle uns!“

Zweitens: Stephanus ist ein Christ, der die Einheit von Wort und Tat wunderschön verkörpert. Er dient an den Tischen, er besucht die Witwen und versorgt sie mit Essen. Und er ist stark mit Worten, wenn er von Gott redet, der uns in Jesus begegnet. Beides fliesst aus dieser Kraft des Heiligen Geistes. Beides gehört im Glauben zusammen: Verkündigung und Diakonie. Wortdienst und Tischdienst. Wo der Glaube ist, da findest Du beides. Leider gibt es bis heute immer wieder Tendenzen in der Christenheit, Wort und Tat auseinander zu dividieren. Diakonie ohne Verkündigung wird hohl. Verkündigung ohne Diakonie wird starr. Stephanus ist ein lebendiges Beispiel, dass beides zusammengehört und nicht getrennt werden kann. Ohne Diakonie verliert der Glaube die Glaubwürdigkeit. Ohne Verkündigung der Grosstaten Gottes bis hin zum Kreuz und zur Auferstehung Jesu verliert der christliche Glaube seinen Inhalt. Wir brauchen beides – im eigenen Glauben und in der Gemeinschaft der Kirche.

Nun wäre es verfehlt, wenn wir von allen Christinnen und Christen zu allen Zeiten beides im Vollmass erwarten würden. Die Realität ist oft die, dass manche eher im Wort stark sind – und andere eher in der handfesten Tat. Das ist solange kein Problem, als es nicht – wie es leider oft geschehen ist – gegeneinander ausgespielt wird. Und es ist natürlich stark und ermutigend, dass es Menschen wie Stephanus gibt, die verkörpern, dass beides im tiefsten Grund zusammengehört: Der Wortdienst und der Tischdienst. Wo ist Dein Platz: im Wort – oder am Tisch? Oder ist Deine Begabung und Berufung die von Stephanus: sowohl im Wort als auch am Tisch?

Weil wir Stephanus zuerst als einen kennenlernen, der besucht und Mahlzeiten verteilt, sind wir vielleicht etwas überrascht, wenn wir lesen, wie stark er im Wort ist. Er wird von Diasporajuden – sie stammten aus Nordafrika (Kyrene im heutigen Lybien und Alexandria im heutigen Ägypten) und der heutigen Türkei - in eine Debatte verwickelt. Und nun geschieht das Erstaunliche, von dem hier berichtet wird: „Doch sie vermochten nicht zu widerstehen der Weisheit und dem Geist, in dem er redete." (Apg 6,10) Wo sind diese Stephanus-Christen heute, die leidenschaftlich diskutieren und debattieren, die messerscharf und klar darlegen können, worum es geht? Die kraftvoll reden und andere überzeugen? Damit ich nicht missverstanden werde: ich gehe nicht davon aus, dass diese Gabe jedem Christ, jeder Christin zufällt durch den Heiligen Geist. Aber es macht mich schon nachdenklich, dass es heute unter uns so wenige gibt, die Wort-Kraft leben. Wo sind diese Stephanus-Christen heute?

Drittens: „Die Christen müssten mir erlöster aussehen. Bessere Lieder müssten sie mir singen, wenn ich an ihren Erlöser glauben sollte." (Friedrich Nietzsche) Stephanus ist ein Christ, der erlöst und befreit aussieht. Wir kennen Menschen, die gerne diskutieren und debattieren - und dies mit einem verbissenen Gesichtsausdruck tun. Stephanus zeigt uns etwas Erstaunliches. Sogar inmitten von Verleumdungen, inmitten von unberechtigten Anschuldigungen, inmitten einer aufgeheizten Situation, inmitten des Hohen Rats, der ihn zur Rechenschaft zieht, steht er da und sieht befreit aus. Wir lesen das Erstaunliche: „Und alle, die im Rat sassen, blickten auf ihn und sahen sein Angesicht wie eines Engels Angesicht." (Apg 6,15) Sogar wenn man Stephanus anschaut in diesem schwierigen Moment, dass sieht man das gewisse „Etwas“ in seinem Gesicht. Heute würde man vielleicht sagen: er hat eine wunderbare Ausstrahlung. Oder vielleicht einfach: er strahlt. Das kann man nicht machen. Und wenn sich jemand dazu zwingt, dann wirkt es eben erzwungen und gerade nicht befreit.

Unser Bibelwort heute stellt uns diese eine Frage: Was erfüllt Dich? Viele verschiedene Möglichkeiten gibt es dafür. Sorgen können uns erfüllen. Herumrennen im Hamsterrad kann unsere Tage erfüllen. Streben nach Geld, Sex und Macht kann uns erfüllen. Die Beispiele lassen sich vermehren. Hier in der Geschichte von Stephanus lernen wir einen befreiten und erlösten Menschen kennen, der auch voll war: voll von Gott, voll von seinem Geist. Und deshalb war sein Leben voll von Kraft, Weisheit und Gnade. Diese Fülle sah man in der Mahlzeitenverteilung und in der Verkündigung der Grosstaten Gottes in Jesus. Was ihn erfüllte sah man sogar auf seinem Gesicht. Sein Beispiel weckt Sehnsucht bei mir. Bei Dir auch? Sehnsucht nach Gott. Sehnsucht nach seiner Fülle. Sehnsucht nach Gottes Befreier und Erlöser: Jesus. Sehnsucht nach der Fülle des Gottesgeistes und der Gotteskraft. „Komm, Heiliger Geist, erfülle uns!“ „O Heilger Geist, kehr bei uns ein …“ (RG 504)

AMEN!

Der grosse Bogen

Da fragte der Hohepriester: Ist das so? Er (Stephanus) aber sprach: Liebe Brüder und Väter, hört zu. Der Gott der Herrlichkeit erschien unserm Vater Abraham, als er noch in Mesopotamien war (...)(...) Aber der Allerhöchste wohnt nicht in Tempeln, die mit Händen gemacht sind, wie der Prophet spricht: Der Himmel ist mein Thron und die Erde der Schemel meiner Füsse; was wollt ihr mir denn für ein Haus bauen, spricht der Herr, oder was ist die Stätte meiner Ruhe? Hat nicht meine Hand das alles gemacht? Ihr Halsstarrigen, mit verstockten Herzen und tauben Ohren, ihr widerstrebt allezeit dem heiligen Geist, wie eure Väter, so auch ihr. Welchen Propheten haben eure Väter nicht verfolgt? Und sie haben getötet, die zuvor verkündeten das Kommen des Gerechten, dessen Verräter und Mörder ihr nun geworden seid. Ihr habt das Gesetz empfangen durch Weisung von Engeln und habt's nicht gehalten. Als sie das hörten, ging's ihnen durchs Herz, und sie knirschten mit den Zähnen über ihn. (Apg 7,1-54 in Auszügen – bitte das ganze Kapitel lesen)

Liebe Schwestern und Brüder, Liebe Gemeinde!

Ich habe einen langjährigen Freund. Er heisst Stefan. Er hat den gleichen Namen wie dieser mutige Zeuge des Evangeliums hier, der zum ersten uns bekannten Märtyrer der Jesus-Bewegung wurde. Sein Name bedeutet einfach „Siegeskranz". Der Siegeskranz war in der Antike die Auszeichnung für den Sieg bei olympischen Spielen – oder für eine Grosstat im politischen oder militärischen Bereich. Und manchmal wurde die Bezeichnung zum Beinamen des Ausgezeichneten. Das ist das Verrückte hier: dem Märtyrer Stephanus wird das Leben genommen. Er sieht aus wie der sichere Verlierer. Und doch ist er der eigentliche Sieger hier.

Ja, manchmal sieht aus der Perspektive der Ewigkeit ganz anders aus, als es oberflächlich betrachtet den Anschein erweckt. Auf Stephanus trifft besonders zu, was der auferstandene und erhöhte Jesus in der Offenbarung des Johannes –

vielleicht sogar in Anspielung auf ihn – sagt: Sei getreu bis an den Tod, so will ich dir die Krone des Lebens geben. (Offb 2,10) Denn das Wort, das mit Krone übersetzt wird, ist das gleiche griechische Wort „Siegeskranz“ wie im Namen Stephanus!

Kurz zuvor verhaftet, wird Stephanus hier vor den Hohen Rat geschleppt und aufgefordert, sich und seine Überzeugung zu verteidigen. Er beginnt mit dieser bewegenden respektvollen Anrede: Liebe Brüder und Väter, hört zu. Er redet von innen her. Er redet als Betroffener. Er redet als Glied des Gottesvolks. Er redet aus einer tiefen Verbundenheit heraus. Nach dieser Anrede aber tut er etwas ganz Anderes. Er verteidigt sich nicht – im Gegenteil. Er erzählt – und am Schluss greift er sogar an.

Stephanus tut etwas, was wir alle tun sollten, wenn wir unseren Mitmenschen und der nächsten Generation den Glauben weitergeben: er erzählt! Er erzählt er diese gewaltige Geschichte Gottes mit seinem Volk, die seinen Zuhörern damals ja bestens vertraut war. Er schlägt einen grossen Bogen! Seine Erzählung tippt – kürzer oder länger - die grossen Namen der Gottesgeschichte an: Abraham, Isaak, Jakob, Joseph, Mose, David, Salomo … Auch die Grossereignisse dieser Gottesgeschichte werden erzählt oder mindestens gestreift. Die Berufung von Abraham. Die Verheissung von Land und Nachkommen. Der Bund, besiegelt in der Beschneidung. Dann Israel in Ägypten. Unterdrückung und Exodus. Der brennende Dornbusch. Mose als Befreier. Die Gabe des Gesetzes am Sinai. Die vierzigjährige Wüstenwanderung. Die Landnahme unter Josua. Der politische Höhepunkt als Grossreich unter den Königen David und Salomo samt Tempelbau. Der angekündigte Tiefpunkt im babylonischen Exil. Und genau diese Geschichte mit Höhen und Tiefen, mit Ecken und Kanten – das ist die Überzeugung von Stephanus – diese Geschichte ist jetzt in der Kreuzigung und Auferstehung Jesu zu ihrem Höhepunkt und Wendepunkt gekommen. Der lebendige Gott selbst ist auf den Plan getreten. Gott selbst hat in Jesus sein Gesicht gezeigt.

Es ist schon beeindruckend, mit welchem Überblick und mit welchem Schwung der Märtyrer Stephanus die grossen Linien zeichnet und den grossen Bogen der Gottesgeschichte aufzeigt. Das müssen wir wieder gewinnen: diesen Überblick, diesen Schwung, dieses Erzählen. Es ist wichtig und es ist dringend! Der jüdische Glaube und in seinem Gefolge der christliche Glaube ist ein Glaube, der erzählt. Wenn das Erzählen aufhört, dann trocknet der Glaube aus und stirbt. Darum ist eine der ganz existentiellen Fragen, die sich uns heute in unseren Familien, Schulen und Kirchen stellt: Erzählen wir diese biblischen Geschichten? Erzählen wir sie unseren Kindern und Enkeln? Erzählen wir sie in Gottesdiensten, Unterricht, Erwachsenenbildung und Seelsorge? Erzählen wir diese faszinierenden, gewaltigen, rätselhaften, herausfordernden Geschichten von Männern und Frauen des Glaubens? Erzählen wir auch die Geschichten, die uns quer und schräg vorkommen?

Und jetzt sehen wir hier bei Stephanus noch etwas, das uns schwer zu denken geben muss. Stephanus kennt diese vielen Geschichten – das sind im Bild gesprochen die Bäume. Darüber hinaus ist er sogar noch in der Lage, den roten Faden zu erkennen und zu vermitteln. Stephanus erzählt das Ganze als eine Geschichte Gottes mit dieser Welt und mit seinem Volk. Das heisst: er sieht nicht nur die einzelnen Bäume! Er sieht – im Bild gesprochen – auch den Wald als Ganzes und er kennt einen Weg, der durch diesen Wald führt.

Diese Rede von Stephanus war für mich lange ein Rätsel innerhalb der Apostelgeschichte und sogar innerhalb der Bibel insgesamt. Vor allem war mir die Tatsache rätselhaft, dass er nach dieser Rede ermordet wurde: umgebracht und hingerichtet – oder wohl zutreffender ausgedrückt: gelyncht. Was an seiner Rede hat denn seine Zuhörer dermassen in Rage versetzt? Was genau hat sie zur Weissglut getrieben? Sein Martyrium wäre ja wohl kaum passiert, wenn er nur erzählt hätte – oder? (Obwohl er schon in sein Erzählen viel Pfeffer eingestreut hat!)

Ja, es ist so. Stephanus erzählt nicht nur – er greift seine Zuhörer auch ganz direkt an. Er redet – vor allem im Finale seiner Rede – wie ein Prophet. Und: Prophet sein ist nicht lustig. Propheten sind unbequem. Sie halten den Menschen einen Spiegel vor. Sie decken auf. Sie klagen an. Sie legen den Finger auf die wunde Stelle. Sie stören den falschen Frieden. Sie entlarven Heuchelei. Das alles tut auch Stephanus hier in seiner Rede. Und vielleicht wissen wir auch ansatzweise, wie das ist, wenn man den Finger auf die wunde Stelle legen und von Zeit zu Zeit den Tarif durchgeben muss – als Eltern gegenüber Kindern, in der Leitung einer Gruppe, in der Verantwortung im Beruf.

Nun ist es ganz wichtig, dass wir eines nicht vergessen: Stephanus redet hier vor dem Hohen Rat. Hier treffen wir die Verantwortlichen für den Tempel – allen voran den Hohepriester. Genau dieses Gremium, vor dem Stephanus hier steht, hatte Jesus vor sich und verurteilte ihn. Im Hohen Rat sind zu einem grossen Teil die genau gleichen Leute wie damals. Freiwillig möchten sie nicht an diese unrühmliche Geschichte erinnert werden. Stephanus aber nimmt im Finale seiner Rede kein Blatt vor den Mund, greift sie frontal an, hält ihnen den Spiegel vor, „packt den Stier bei den Hörnern".

Doch bereits vor dem finalen Angriff zieht Stephanus seinen Zuhörern den Boden unter den Füssen weg. Der jüdische Glaube damals zeichnete sich durch verschiedene Identitätsmerkmale aus. Die wichtigsten waren Beschneidung, Torah und Tempel. Was die Verantwortlichen da über den Tempel zu hören bekamen, musste sie zutiefst treffen und erschüttern. Der jüdische Tempel – prächtig ausgebaut durch Herodes den Grossen – war mehr als einfach ein gewaltiges Bauwerk – er war das Zentrum des jüdischen Lebens und Glaubens schlechthin. Dort wurde geopfert. Dort wurde die reale Schuld des Einzelnen und des Volkes durch ebenso reale Opfer nach genauen Vorgaben getilgt. Dort wurde gesungen und gebetet, gedankt und geklagt. Dort war – verkürzt gesagt – der Treffpunkt von Gott und Mensch in dieser Welt.

Im Finale seiner Rede leitet Stephanus den entscheidenden Stoss mit einem Wort ein, das am Ende des Prophetenbuchs Jesaja (66,1-2) steht: Aber der Allerhöchste wohnt nicht in Tempeln, die mit Händen gemacht sind, wie der Prophet spricht: Der Himmel ist mein Thron und die Erde der Schemel meiner Füsse; was wollt ihr mir denn für ein Haus bauen, spricht der Herr, oder was ist die Stätte meiner Ruhe? Hat nicht meine Hand das alles gemacht? Wie kann ein Haus, von Menschhänden errichtet, die Herrlichkeit Gottes wirklich fassen? Antwort: Es ist unmöglich! Was Stephanus hier sagt, läuft darauf hinaus, dass sowohl die Stiftshütte in der Wüste wie auch der Tempel in Jerusalem nur temporäre Platzhalter waren für etwas viel Grösseres. Und das ist seine kühne Pointe: die Zeit des Tempels und damit auch der Opferdienst im Tempel ist jetzt definitiv abgelaufen. Welcher Verantwortliche für den Tempel – und genau zu ihnen redet ja Stephanus hier – hört so etwas gerne?

Wenn in Jesus wirklich Gott selbst auf den Plan tritt und sein Gesicht zeigt... Wenn nun in Jesus wirklich die Schuld dieser Welt und des Gottesvolks ein für allemal getilgt wird... Wenn dieser Jesus (wie es die Kirche in einem späteren Bekenntnis auf den Punkt bringt) ganz Mensch und ganz Gott ist – und in ihm Gott und Menschheit zusammenfinden... Dann, ja dann, kann das nicht ohne dramatische Konsequenzen für den Tempel bleiben. Dann ist mit Jesus die Zeit des Tempels definitiv abgelaufen. Dann tritt der Gekreuzigte und Auferstandene genau an die Stelle, die der Tempel bisher einnahm. Wir kennen aus der Geschichtsschreibung die verblüffende Tatsache: Nur knapp vierzig Jahre nach der Stephanusrede wird der Jerusalemer Tempel von den Römern schliesslich zerstört - und der Opferdienst dort im Tempel hört tatsächlich definitiv auf. Hören wir, was Stephanus hier sagt? Der Treffpunkt von Himmel und Erde, von Gott und Mensch ist jetzt in Jesus, dem Messias, dem Gekreuzigten und Auferstandenen. Darum: „Lasst uns laufen mit Geduld in dem Kampf, der uns bestimmt ist und aufsehen zu Jesus, den Anfänger und Vollender des Glaubens.“ (Hebr 12,1-2)

AMEN!

Der Preis des Glaubens

Als sie das hörten, ging's ihnen durchs Herz und sie knirschten mit den Zähnen über ihn. Er aber, voll Heiligen Geistes, sah auf zum Himmel und sah die Herrlichkeit Gottes und Jesus stehen zur Rechten Gottes und sprach: Siehe, ich sehe den Himmel offen und den Menschensohn zur Rechten Gottes stehen. Sie schrien aber laut und hielten sich ihre Ohren zu und stürmten einmütig auf ihn ein, stießen ihn zur Stadt hinaus und steinigten ihn. Und die Zeugen legten ihre Kleider ab zu den Füßen eines jungen Mannes, der hieß Saulus, und sie steinigten Stephanus; der rief den Herrn an und sprach: Herr Jesus, nimm meinen Geist auf! Er fiel auf die Knie und schrie laut: Herr, rechne ihnen diese Sünde nicht an! Und als er das gesagt hatte, verschied er. Saulus aber hatte Gefallen an seinem Tode. Es erhob sich aber an diesem Tag eine große Verfolgung über die Gemeinde in Jerusalem; da zerstreuten sich alle in die Länder Judäa und Samarien, außer den Aposteln. Es bestatteten aber den Stephanus gottesfürchtige Männer und hielten eine große Klage über ihn. Saulus aber suchte die Gemeinde zu zerstören, ging von Haus zu Haus, schleppte Männer und Frauen fort und warf sie ins Gefängnis. Die nun zerstreut worden waren, zogen umher und predigten das Wort. (Apg 7,54-8,4)

Liebe Schwestern und Brüder, Liebe Gemeinde!

Unser Glaube hat seinen Preis. Den Stephanus hat er das Leben gekostet. Nach einer flammenden Rede wird er umgebracht. Er ist der erste christliche Märyrer, von dem wir Kenntnis haben.

Unser Glaube hat seinen Preis. Wenn Christinnen und Christen bedrängt und verfolgt werden, dann kann das ganz verschieden aussehen. Im ersten Drittel der Apostelgeschichte bekommen wir eine Ahnung davon, welche Bandbreite von Bedrängnis und Verfolgung es gibt. Man spürt es förmlich, wie seit Pfingsten eine Art Steigerungslauf im Gang ist. Das Sprachwunder von Pfingsten, dass nämlich in vielen Sprachen parallel von Gottes Grosstaten gesprochen wird, löst einerseits Verblüffung und andererseits sinnlosen Spott aus. Wir lesen: Andere aber hatten ihren Spott und sprachen: Sie sind voll von süßem Wein. (2,13) Es geht wenig später weiter mit der Verhaftung der beiden führenden Apostel – sie kommen ins Gefängnis (4,3). Anschliessend werden Petrus und Johannes verhört (4,5ff). Sie werden mit einem Sprechverbot belegt (4,17). Dazu kommen Drohungen (4,21). Beim Weiterlesen (Apg 5) hat man den Eindruck, die Apostel müssten nun eine zweite Runde einlegen: sie werden erneut verhaftet und verhört. Sprechverbot und Drohungen werden wiederholt. Dazu kommen jetzt aber zusätzlich Schläge (5,40). Dann geht es Stephanus an den Kragen. Unter Verleumdungen wird er verhaftet und durch Steinigung umgebracht (7,60). Anschliessend bricht eine systematische Verfolgung, angeführt durch Saulus, über die erste christliche Gemeinde herein (8,1-3).

Unser Glaube hat seinen Preis. Spott, Verhaftung und Gefängnis, Verhör, Sprechverbot, Drohungen, Schläge, Verleumdung, Martyrium, systematische Verfolgung – das sind neun Formen der Bedrängnis, die uns hier in den ersten Kapiteln der Apostelgeschichte vor Augen geführt werden. Es ist gut, wenn wir uns keine Illusionen machen. Kirche ist von Anfang an bedroht. Sie ist von Anfang an bedrängte und verfolgte Kirche – und sie ist es bis heute geblieben.

Unser Glaube hat auch heute seinen Preis. Jedes Jahr zeigt der Weltverfolgungsindex, in welchen 50 Ländern Christinnen und Christen am meisten zu leiden haben. Auf der aktuellen Liste sind fünf Länder neu dabei, wo die Kirchen allermeist von Seiten des islamischen Extremismus bedrängt werden. Es sind dies Niger, Uganda, Kenia, Tansania und Mali (im Norden Malis wurden die christlichen Kirchen in der jüngsten Vergangenheit praktisch vollständig ausgelöscht und unzählige Häuser von Christen zerstört). Auf Platz 5 liegt Somalia, ebenfalls eine Hochburg des islamischen Extremismus. Auf Platz 4 finden wir den Irak – dort haben in den letzten Jahren Christen zu Hunderttausenden das Land verlassen – bemerkenswerterweise nach dem Sturz Saddam Husseins! Auf Platz 3 liegt Afghanistan, wo Regierung und Behörden die Christen nur ungenügend schützen können – und die Taliban das erklärte

Ziel haben, alle Christen zu vertreiben oder zu töten. Platz 2 auf dem Weltverfolgungsindex nimmt Saudi-Arabien ein, wo eine besonders strenge Form des sunnitischen Islam herrscht und die Scharia gilt. Seit vielen Jahren auf Platz 1 liegt Nordkorea, wo schätzungsweise ein Prozent der Bevölkerung Christen sind. Religion und insbesondere das Christentum sind dort im Visier der Behörden, weil faktisch die Herrscher wie Götter verehrt werden. Christen werden systematisch aufgespürt und wohl rund ein Viertel von ihnen (Schätzungen gehen von 50'000 – 70'000 aus) schmachtet in Arbeitslagern der derbsten Sorte. Wer den Herrscherkult verweigert und Jesus als König der Könige und Herrn aller Herren bekennt, der zahlt hier einen sehr hohen Preis.

Unser Glaube hat aber auch in westlichen Gesellschaften seinen Preis. Wir müssen das neu und illusionslos anerkennen. Gibt es hier bei uns wirklich keine Bedrängnis und Verfolgung? Kennen wir denn hier gar keinen Spott, keine Sprechverbote, keine Verleumdung? Natürlich ist die Bedrängnis bei uns begrenzt und moderat. Aber: wer garantiert uns, dass das dauerhaft so bleiben wird? Und: waren wir als Christinnen und Christen in der jüngeren Vergangenheit nicht schlicht zu naiv im Blick auf zunehmenden gesellschaftlichen Druck? Natürlich gibt es auch bei uns Bedrängnis. Wer beispielsweise die mediale Berichterstattung genauer unter die Lupe nimmt, der stellt seit Jahren fest, dass mehr oder weniger subtile Formen des Spotts und der Verleumdung geradezu kultiviert werden. Kirchen werden als traditionell und konservativ gescholten. Und paradoxerweise werden sie aber auch dann gescholten, wenn sie innovativ und progressiv sind. Beides scheint verdächtig. Offenbar sollte die Kirche möglichst brav und angepasst sein und ja nicht auffallen … Zudem beobachte ich, dass einzelne Bereiche unserer Gesellschaft zunehmend zu Zonen erklärt werden, in denen ein Sprechverbot behauptet wird, wenn es um den christlichen Glauben geht. Ich denke hier insbesondere an die Schulen. Was ist mit den Kreuzen in Schulzimmern beispielsweise? Und was wäre, wenn sich eine Lehrkraft während der Unterrichtszeit zur Auferstehung Jesu von den Toten bekennen würde? Die westliche Öffentlichkeit reagiert in der Regel auffallend gereizt bis heftig, wenn von christlicher Seite her

Ansprüche an Staat und Gesellschaft geäussert werden. Dabei wären gerade heute, hier und jetzt mutige Stimmen nötig, die aus einer christlichen Grundhaltung die Dinge in unserer Gesellschaft beim Namen nennen.

Hier ist Stephanus. Er hat gerade eine flammende Rede gehalten. Unter Verleumdung wurde er verhaftet und zur Rechenschaft gezogen. Er sollte sich verteidigen, doch einen fairen Prozess kann er nicht erwarten. Seine Rede aber, die mit den vertrauten Inhalten der Geschichte Gottes mit seinem Volk begann, wird immer mehr zur scharfen Anklage. Ungeschminkt spricht er die unbequeme Wahrheit aus. Die Tatsache, dass Jesus geschmäht, verurteilt und hingerichtet wurde, war schlicht und einfach Unrecht. Und genau dieses Gremium, vor dem Stephanus sich hier zu verteidigen hat, hatte auch vor kurzem eine zentrale Rolle in der Tötung Jesu gespielt. Stephanus legte in aller Deutlichkeit den Finger auf diese wunde Stelle.

Nun ist der Kontrast eindrücklich. Da sind auf der einen Seite die Zuhörer. Ihr Nerv ist getroffen. Ihr Zorn kennt keine Grenzen mehr. Sie sind rasend. Sie schrien aber laut und hielten sich ihre Ohren zu und stürmten einmütig auf ihn ein, stießen ihn zur Stadt hinaus und steinigten ihn.

Und da ist Stephanus auf der anderen Seite. Nach seiner flammenden Rede ist sein Ende gekommen. Was hier geschieht ist, wie wenn man in den Bergen in dichtem Nebel unterwegs ist, kaum die Person vor sich sieht und dann plötzlich ein starker Wind die Nebel vertreibt. Von einem Moment auf den anderen sieht man alles: alle Mitwanderer, die Sonne, die anderen Gipfel, die Täler, das ganze Panorama. Himmel und Erde verschmelzen hier in den letzten Minuten von Stephanus. Er ist im Übergang vom Glauben zum Schauen. Die Nebel verziehen sich und er sieht das, was uns normalerweise verborgen ist. Er sieht beide Dimensionen der Realität: die irdische und die himmlische. Er sieht nicht nur diese Menschen, die ihn anklagen und verurteilen, sondern auch die Tatsache, dass letztlich Gott regiert – auch in dieser verrückten und bedrohlichen Situation. Jesus ist zur Rechten Gottes und steht dort. Normalerweise ist vom

Sitzen zur Rechten Gottes die Rede. Hier steht Jesus. Weshalb? Die Ausleger haben zwei Erklärungen bereit, die beide zutreffen können. Jesus steht, weil er gerade jetzt in diesem Moment betend für Stephanus eintritt. Und Jesus steht, um den Stephanus persönlich zu empfangen.

Und jetzt – mitten im Hagel der Steine - betet Stephanus. Die Szene gleicht auffallend dem Sterben Jesu (z. Bsp. Lk 23,34). Stephanus folgt seinem Meister nach – bis in den Tod hinein. Er betet: Herr Jesus, nimm meinen Geist auf! Und: Herr, rechne ihnen diese Sünde nicht an! Am Ende des Lebens steht nicht Hass und nicht Unversöhnlichkeit, sondern die Vergebung. Stephanus vergibt denen, die die Steine auf ihn werfen – und er bittet bei Gott um Vergebung für sie. Er ist eine gelebte Illustration für das, was Jesus seine Jünger gelehrt hat: Liebt eure Feinde; tut wohl denen, die euch hassen; segnet, die euch verfluchen; bittet für die, die euch beleidigen. (Lk 6,27-28)

Was für ein Ende! Was für eine Realität! Sterben – betend sterben. Sterben – und das eigene Leben ins Gottes Hände zurückgeben, im Vertrauen darauf, dass ich in Zeit und Ewigkeit in Gott geborgen bin. Sterben – und keinem etwas nachtragen. Selbst dem grössten Feind verzeihen. Selbst denen verzeihen, die Steine auf mich werfen. Nun wird auch deutlich, weshalb unser Wort davon redet, dass Stephanus voll Heiligen Geistes war. Das alles können wir nicht aus eigener Kraft. Wir können es nur in der Kraft des lebendigen und barmherzigen Gottes und in der Nachfolge Jesu – und eben nicht aus uns selbst heraus.

Immer wieder gibt es Männer und Frauen, Kinder und Greise, denen in ihrem Leben fürchterliches und schlimmes Unrecht angetan wurde. Wir alle können verstehen, wenn jemand dann sagt: ich kann nicht vergeben! Der normale christliche Reflex antwortet darauf: Du musst aber! Wahrscheinlich wäre es hilfreicher, wenn wir hier anders reagieren und sagen: Ja, es stimmt! Du kannst es nicht aus Deiner eigenen Kraft. Aber ich weiss es und ich sage es Dir: Du zerstörst Dich selbst und machst Dir das Leben schwer, wenn Du nachtragend bist und nicht vergibst. Ich sehe nur einen Weg – den Weg Jesu. Folge ihm nach, auch in der Vergebung. Vertraue nicht auf Deine eigene Kraft, sondern auf seine Kraft, auf seinen Geist. Bitte ihn um die Kraft zur Vergebung. Sprich Vergebung aus im Namen Jesu und in seiner Kraft.

Mir sind mehrere eindrückliche Beispiele aus Ruanda bekannt, wo es 1994 zu diesem fürchterlichen Völkermord kam. Da sind zwei Männer, die aus dem gleichen Teller essen und am gleichen Haus bauen. Das war nur durch Vergebung möglich, denn der eine hatte mehrere Angehörige des anderen umgebracht. Da sind zwei andere Männer, die gemeinsam in die Dörfer und Gefängnisse gehen und das Evangelium von Jesus verkündigen. Das war nur durch Vergebung möglich, denn der eine hat mehr als zehn Angehörige des anderen umgebracht.

Zurück zu Stephanus – er stirbt. Mit betenden Worten – wie sie Jesus am Kreuz gebetet hat. Mit Feindesliebe – genau wie sie Jesus gelehrt hat. Mit Vergebung. Was für ein Sterben – ohne Bitterkeit und ohne Hass. Was für ein Friede inmitten dieses Tumults!

Unser Glaube hat seinen Preis. Das ist wahr. Er kann uns viel kosten – alles kosten – das Leben kosten. Doch eines wird hier deutlich. Das Martyrium von Stephanus und die systematische Verfolgung der Kirche können die Flamme des Evangeliums nicht löschen. Das Gegenteil ist der Fall. Die Verfolgung in Jerusalem bewirkt, dass sich die Botschaft Jesu in Judäa und Samaria ausbreitet. Und noch etwas: dieser Saulus hier, der als treibende Kraft der Verfolgung bezeichnet wird – wird in Kürze selbst dem Gekreuzigten und Auferstandenen begegnen und eine Schlüsselrolle in der weiteren Ausbreitung des Evangeliums unter Juden und Heiden spielen. So verblüffend sind die Gottes Wege: Ausgerechnet dieser Saulus wird die Verkündigung von Stephanus aufnehmen und weiterführen. Treffend hat darum mehr als hundert Jahre später Tertullian geschrieben: „Das Blut der Märtyrer ist der Same der Kirche."

Unser Glaube hat seinen Preis. Er ist immer angefochten und gefährdet. Vielleicht besteht unsere grösste Gefährdung darin, dass wir uns für nicht gefährdet halten. Leiden gehört zu unserem Glauben einfach dazu. Jesus, unser Herr und Meister ist uns da voraus gegangen. Wir sind nicht alleine auf diesem Weg. Ihm sollen wir folgen. In der Feindesliebe. In der Vergebung. Im Leben und im Sterben. Vergebung, Versöhnung und Liebe soll uns prägen. So will ich leben. So will ich sterben.

AMEN!

Grosse Freude in der Stadt

Die nun zerstreut worden waren, zogen umher und predigten das Wort. Philippus aber kam hinab in die Hauptstadt Samariens und predigte ihnen von Christus. Und das Volk neigte einmütig dem zu, was Philippus sagte, als sie ihm zuhörten und die Zeichen sahen, die er tat. Denn die unreinen Geister fuhren aus mit großem Geschrei aus vielen Besessenen, auch viele Gelähmte und Verkrüppelte wurden gesund gemacht; und es entstand große Freude in dieser Stadt. Es war aber ein Mann mit Namen Simon, der zuvor in der Stadt Zauberei trieb und das Volk von Samaria in seinen Bann zog, weil er vorgab, er wäre etwas Großes. Und alle hingen ihm an, Klein und Groß, und sprachen: Dieser ist die Kraft Gottes, die die Große genannt wird. Sie hingen ihm aber an, weil er sie lange Zeit mit seiner Zauberei in seinen Bann gezogen hatte. Als sie aber den Predigten des Philippus von dem Reich Gottes und von dem Namen Jesu Christi glaubten, ließen sich taufen Männer und Frauen. Da wurde auch Simon gläubig und ließ sich taufen und hielt sich zu Philippus. Und als er die Zeichen und großen Taten sah, die geschahen, geriet er außer sich vor Staunen. Als aber die Apostel in Jerusalem hörten, dass Samarien das Wort Gottes angenommen hatte, sandten sie zu ihnen Petrus und Johannes. Die kamen hinab und beteten für sie, dass sie den Heiligen Geist empfingen. Denn er war noch auf keinen von ihnen gefallen, sondern sie waren allein getauft auf den Namen des Herrn Jesus. Da legten sie die Hände auf sie und sie empfingen den Heiligen Geist. Als aber Simon sah, dass der Geist gegeben wurde, wenn die Apostel die Hände auflegten, bot er ihnen Geld an und sprach: Gebt auch mir die Macht, damit jeder, dem ich die Hände auflege, den Heiligen Geist empfange. Petrus aber sprach zu ihm: Dass du verdammt werdest mitsamt deinem Geld, weil du meinst, Gottes Gabe werde durch Geld erlangt. Du hast weder Anteil noch Anrecht an dieser Sache; denn dein Herz ist nicht rechtschaffen vor Gott. Darum tu Buße für diese deine Bosheit und flehe zum Herrn, ob dir das Trachten deines Herzens vergeben werden könne. Denn ich sehe, dass du voll bitterer Galle bist und verstrickt in Ungerechtigkeit. Da antwortete Simon und sprach: Bittet ihr den Herrn für mich, dass nichts von dem über mich komme, was ihr gesagt habt. Als sie nun das Wort des Herrn bezeugt und geredet hatten, kehrten sie wieder um nach Jerusalem und predigten das Evangelium in vielen Dörfern der Samariter. (Apg 8,4-25)

Liebe Schwestern und Brüder, Liebe Gemeinde!

Philippus, Simon, Petrus – am liebsten würde ich ein Foto mit den drei Hauptakteuren zeigen. Doch das geht natürlich nicht – Fotographie gibt es erst seit dem 19. Jahrhundert. Überhaupt wissen wir durch Skulpturen und Bilder nur von ganz wenigen Menschen aus der Antike, wie sie ausgesehen haben könnten.

Philippus, Simon, Petrus. Wer die Apostelgeschichte liest, für den ist Philippus ein jüngerer Bekannter, Simon ein bisher ganz Unbekannter und Petrus ein alter Bekannter. Wir begegnen Philippus zum ersten Mal, als dieses handfeste Problem in der ersten christlichen Gemeinde von Jerusalem auftaucht – dieses Problem, dass griechischsprachige Witwen bei der Versorgung mit Nahrungsmitteln übersehen wurden. Philippus ist einer von sieben, die bestellt werden, um dieses Problem zu lösen. So begegnet er uns zuerst: als einer, der einsatzbereit ist – als einer, der anpacken kann und will – als einer, der Probleme löst. Das ist ein guter Anfang. Schon bald darauf stellen wir aber fest – wie übrigens auch bei Stephanus, ebenfalls einem aus dieser Gruppe der Sieben – dass Philippus herausgewachsen ist aus seinem ersten Dienst! Aus dem Diakon ist ein Verkündiger geworden. Nach dem Tod des Stephanus als Märtyrer und der anschliessenden Verfolgung der Jerusalemer Gemeinde gehört Philippus zu denen, die aus Jerusalem fliehen und an neuen Orten die Botschaft des Evangeliums verkündigen. Er kommt in das Gebiet von Samarien – zwischen Galiläa im Norden und Judäa im Süden und wirkt dort. Und sein Wirken in Samarien prägt tiefgreifend: Frauen und Männer wenden sich dem Evangelium zu und lassen sich taufen, Kranke werden geheilt, Geplagte befreit. Freude herrscht!

Was ist das für eine Botschaft, die Philippus diesen Menschen in Samarien bringt? Wir erfahren es Stück für Stück. „Das Wort" – so wird diese Botschaft zunächst schlicht genannt. Schon im nächsten Satz erfahren wir mehr. Philippus „predigte ihnen von Christus". Dieses Wort, das weitergegeben wird, ist nicht irgendein Wort, sondern es ist die Frohbotschaft von Jesus Christus – das Evangelium. Gott wird in Jesus ganz einer von uns – verkündigt das Reich Gottes, heilt Kranke und befreit Gebundene, leidet und stirbt am Kreuz – durchbricht als erster Auferstandener die Schranke des Todes. Dieser auferstandene Gekreuzigte ist der Messias, der Befreier, der Erlöser. So überrascht es nicht, wenn etwas später die Verkündigung des Philippus nochmals umschrieben wird mit zwei Schwerpunkten: es geht um die Herrschaft Gottes und um den Namen Jesu Christi (Vers 12). Daran wird sich die Kirche und ihre Verkündigung immer messen müssen: Haben wir dieses befreiende Wort für die Menschen? Sprechen wir von der Gottesherrschaft und vom Namen Jesu Christi? Was wir zu verkündigen haben, steht nicht in unserer Beliebigkeit – es ist uns anvertraut: die frohe Botschaft von Jesus Christus.

Philippus, Simon, Petrus. Nach Philippus begegnen wir hier einem Mann mit Namen Simon. Er ist kein Unbekannter in dieser Gegend von Samarien.

Es war aber ein Mann mit Namen Simon, der zuvor in der Stadt Zauberei trieb und das Volk von Samaria in seinen Bann zog, weil er vorgab, er wäre etwas Großes. Und alle hingen ihm an, Klein und Groß, und sprachen: Dieser ist die Kraft Gottes, die die Große genannt wird. Sie hingen ihm aber an, weil er sie lange Zeit mit seiner Zauberei in seinen Bann gezogen hatte. Als sie aber den Predigten des Philippus von dem Reich Gottes und von dem Namen Jesu Christi glaubten, ließen sich taufen Männer und Frauen. Da wurde auch Simon gläubig und ließ sich taufen und hielt sich zu Philippus. Und als er die Zeichen und großen Taten sah, die geschahen, geriet er außer sich vor Staunen.

Nun geschieht das Erstaunliche, dass sich dieser bekannte Zauberer Simon einem Stärkeren begegnet. Die Zeichen und Wunder, die um Philippus herum geschehen übertreffen alles, was er bisher kannte und selbst wirkte. Ja, es heisst sogar, dass er glaubt, sich taufen lässt und dem Philippus anhängt. Ende gut – alles gut? So könnte man zunächst meinen. Doch irgendetwas läuft hier schief. Das merken wir aber erst, wenn wir weiterlesen. Offenbar hat Simon das Evangelium als eine neue und höhere Art Zauberei missverstanden.

Zauberei war damals sehr verbreitet in der antiken Welt – und es gibt sie heute genauso. Sie taucht unter allen möglichen Namen und in allen denkbaren Verkleidungen – auch in frommen Verkleidungen - auf. Menschen vermitteln Kräfte und wirken Erstaunliches. Das wird hier auch gar nicht bestritten. Doch bei einer sorgfältigen Lektüre stellen wir einen ganz markanten Unterschied zwischen Philippus und Simon fest. Simon wird aufgrund seiner Zauberei von den Leuten als Gotteskraft verehrt. Durch seine Zauberei wird er selbst gross und sein Name wird gepriesen. Beim Zauberer Simon steht er selbst im Zentrum. Bei Philippus ist es ganz anders: er verkündigt nicht sich selbst, sondern den Gekreuzigten und Auferstandenen. Er will auch nicht selbst angebetet werden. Ehre und Anbetung gehört allein dem Gott, der uns in Jesus Christus begegnet. Das ist eine feine Linie – und nicht immer hat die Kirche in ihrer 2000jährigen Geschichte diese Linie gehalten. Knapp gesagt: es geht nicht um die Verkündiger, nicht um die Botschafterinnen und Botschafter, nicht um die Kirchenleute, sondern um den Verkündigten! Unsere Namen kommen und gehen – der Name des Einen war, ist und bleibt ewig. Oder mit einem alten Psalmwort gesprochen: Nicht uns, HERR, nicht uns, sondern deinem Namen gib Ehre um deiner Gnade und Treue willen! (Psalm 115,1) Ähnlich beten wir es ja auch im Gebet Jesu: Unser Vater im Himmel, geheiligt werde dein Name …

Philippus, Simon, Petrus. Wie die Konfrontation des Magiers Simon durch den Apostel Petrus ausgegangen ist, wissen wir nicht genau. Höchst umstritten ist unter den Auslegern, ob der Glaube des Simon wirklich echt war. Ein kritischer Ausleger meint schlicht, mit Simon habe sich hier ein „Wolf im Schafspelz unter die Herde“ gemischt. So weit würde ich allerdings nicht gehen, denn das Schriftwort sagt ja ausdrücklich, dass Simon geglaubt hat. (Vers 13) Doch bleibt sein ganzes Denken auch nach seiner Hinwendung zum Glauben ganz offensichtlich noch völlig in magischen Mustern verhaftet. Deshalb auch sein Vorschlag, diese stärkere Kraft, diese höhere Magie zu kaufen. Zauberei ist immer auch Geschäft. Es kostet immer Geld. Es geht immer auch um die Vermarktung von Kräften und Geheimnissen. Die Kirche ist hier deutlich gewarnt, sich nicht auf diese Ebene zu begeben und sie hat leider schon oft darin versagt in ihrer Geschichte. Ein Tauschgeschäft Geist gegen Geld ist Magie – aber nicht Evangelium.

Simon wird hier vom Apostel Petrus entlarvt und in aller Schärfe und Deutlichkeit zurechtgewiesen. Das Evangelium hat gar nichts mit Magie zu tun. Das Evangelium ist Geschenk. Der Heilige Geist ist Gabe Gottes. Beides ist nicht käuflich. Gerade heute müssen wir den Menschen sagen: Nicht alles Spirituelle und Religiöse ist von Gott. Nicht alles Spirituelle und Religiöse ist hilfreich und förderlich. Nicht alles Spirituelle und Religiöse führt Dich zur Freude dieser Menschen in Samarien. Sei nicht naiv! Sei kritisch! Sei wachsam! Darum braucht Petrus hier auch keine Kuschelphrase, sondern bringt die Sache überdeutlich auf den Punkt. Ein Übersetzer (Philipps) paraphrasiert es so: „Zur Hölle mit Dir und Deinem Geld." Simon wird schlicht ausgeschlossen und zur Umkehr von seinem Weg in den Abgrund aufgefordert. Ob er darauf eingegangen ist, wissen wir nicht. Unsere Geschichte bleibt am Ende offen und fordert uns so zum Nachdenken heraus. Seltsam ist, dass Simon auf die Aufforderung des Petrus mit einem Gegenvorschlag reagiert. Petrus fordert Simon zur Umkehr und zum Gebet auf. Doch Simon will, dass Petrus für ihn betet …

Philippus, Simon, Petrus. Was im ersten Moment wie ein grosser Erfolg des Philippus aussieht – dass sich nämlich dieser bekannte Magier Simon der entstehenden christlichen Gemeinde der Samaritaner anschliesst – das entpuppt sich als ernsthaftes Problem. Doch dafür braucht es den Apostel Petrus, der zusammen mit seinem Kollegen Johannes die Bühne betritt, wobei Johannes in der Apostelgeschichte ein erstaunlich stiller Begleiter des Petrus ist. Es scheint so, als ob er einfach unterstützend und wohl auch betend dabei war. Als treibende Kraft tritt jeweils konsequent Petrus in Erscheinung. Unsere Blicke wenden sich automatisch Petrus zu. Doch sollten wir diesen Dienst des stillen, unterstützenden und betenden Begleitens auf keinen Fall geringschätzen – auch heute nicht – auch in unserer Mitte nicht. Wir Aktiven brauchen sie dringend – diese stillen Begleiterinnen und Begleiter. Ihr Dienst ist sehr wichtig. Wir sollten ihn achten und wertschätzen!

Die Apostel in Jerusalem erfahren also von dieser Bewegung des Evangeliums in Samarien durch den Dienst von Philippus. Und sie suchen sofort die Verbindung, den Kontakt, den Anschluss. Sie schicken nicht irgendwen, sondern ihre beiden führenden Apostel – Petrus und Johannes – von Jerusalem nach Samarien. Damit setzen sie auf beiden Seiten ein deutliches Signal: auch die Samaritaner gehören jetzt durch das Evangelium von Jesus Christus voll und ganz zum Gottesvolk. Das Evangelium hat diesen garstigen Graben zwischen Juden und Samaritanern definitiv überwunden. Wir haben den gleichen Glauben an den gleichen Messias, die gleiche Taufe und den gleichen Heiligen Geist.

Wahrscheinlich können wir uns nur schwer vorstellen, wie tief dieser Graben zwischen Juden und Samaritanern tatsächlich war. Wir wissen aus antiken Quellen, dass dieses Gebiet der Samaritaner von Juden sorgfältig gemieden wurde. Wer konnte, der machte einen grossen Bogen um dieses Gebiet. Die Samaritaner hatten aus jüdischer Perspektive eine mangelhafte, irrige und degenerierte Form des Glaubens. Doch schon zu Lebzeiten forderte Jesus seine Jünger heraus und reiste mit ihnen zusammen in dieses Gebiet. Er sprach mit einer Samaritanerin am Brunnen (Johannes 4). Zweimal brauchte Jesus zudem einen Samaritaner als positives Beispiel in seiner Verkündigung (Lukas 10,30ff und Lukas 17,11ff) und weichte auf diese Art die Fronten weiter auf. So sind Petrus und Johannes bestens vorbereitet, als sie nach Samarien reisen.

„… ihr werdet die Kraft des Heiligen Geistes empfangen, der auf euch kommen wird, und werdet meine Zeugen sein in Jerusalem und in ganz Judaa und Samarien und bis an das Ende der Erde.“ (Apg 1,8)

So lesen wir es programmatisch am Anfang der Apostelgeschichte, was der auferstandene Jesus den Aposteln als Auftrag gibt. Und so schildert die Apostelgeschichte in den ersten sieben Kapiteln zunächst die erste Gemeinde in Jerusalem, bis eben diese Verfolgung mit Saulus an der Spitze hereinbricht. Erst durch die aufgrund der Verfolgung zerstreuten Gemeindeglieder zieht das Evangelium von Jesus Kreise nach Judäa und überwindet den garstigen Graben nach Samarien – davon handelt das achte Kapitel der Apostelgeschichte. Und noch etwas lernen wir hier. Wir sind gewohnt, vom Einzelnen, vom Individuum her zu denken. Doch hier sind ganze Räume im Blick – und die Menschen insgesamt, die in diesen Räumen leben: ganze Städte, ganze Gegenden, ganze Völker und Volksgruppen. Dieses Denken in Räumen müssen wir neu lernen. Das Evangelium meint nicht einfach nur einen Menschen da und einen anderen dort. Das Evangelium von Jesus meint jeden Menschen persönlich und alle Menschen insgesamt. Diesen Blick, diese Perspektive, dieses Denken müssen wir uns neu schenken lassen.

Was können wir aus dieser Geschichte lernen? 1. Das Evangelium und der Glaube an Jesus Christus hat nichts, aber auch gar nichts mit Magie zu tun. 2. Wer glaubt, braucht auch eine Erneuerung seines Denkens (vgl Römer 12,1-2), denn die frühere Lebenseinstellung und Denkweise ist – wie hier am Beispiel des Magiers Simon gezeigt - an vielen Stellen schlicht und einfach nicht kompatibel mit dem Evangelium. 3. Das Evangelium von Jesus Christus meint den Einzelnen und die ganze Gemeinschaft. 4. Ein untrügliches Zeichen des Evangeliums ist die Freude, die es wirkt – und damit schliesse ich: und es entstand große Freude in dieser Stadt. So lesen wir es.

Möge sich diese Freude auch bei uns, in unserem Dorf, in unserer Gegend, in unserem Land und auf unserem Kontinent sich neu Bahn brechen. Diese Freude, die wächst, wenn Menschen sich von ganzem Herzen dem befreienden Evangelium von Jesus Christus zuwenden.

AMEN!

Von höchster Stelle arrangiert

Aber der Engel des Herrn redete zu Philippus und sprach: Steh auf und geh nach Süden auf die Straße, die von Jerusalem nach Gaza hinabführt und öde ist. Und er stand auf und ging hin. Und siehe, ein Mann aus Äthiopien, ein Kämmerer und Mächtiger am Hof der Kandake, der Königin von Äthiopien, welcher ihren ganzen Schatz verwaltete, der war nach Jerusalem gekommen, um anzubeten. Nun zog er wieder heim und saß auf seinem Wagen und las den Propheten Jesaja. Der Geist aber sprach zu Philippus: Geh hin und halte dich zu diesem Wagen! Da lief Philippus hin und hörte, dass er den Propheten Jesaja las, und fragte: Verstehst du auch, was du liest? Er aber sprach: Wie kann ich, wenn mich nicht jemand anleitet? Und er bat Philippus, aufzusteigen und sich zu ihm zu setzen. Der Inhalt aber der Schrift, die er las, war dieser (Jesaja 53,7-8): »Wie ein Schaf, das zur Schlachtung geführt wird, und wie ein Lamm, das vor seinem Scherer verstummt, so tut er seinen Mund nicht auf. In seiner Erniedrigung wurde sein Urteil aufgehoben. Wer kann seine Nachkommen aufzählen? Denn sein Leben wird von der Erde weggenommen.« Da antwortete der Kämmerer dem Philippus und sprach: Ich bitte dich, von wem redet der Prophet das, von sich selber oder von jemand anderem? Philippus aber tat seinen Mund auf und fing mit diesem Wort der Schrift an und predigte ihm das Evangelium von Jesus. Und als sie auf der Straße dahinfuhren, kamen sie an ein Wasser. Da sprach der Kämmerer: Siehe, da ist Wasser; was hindert's, dass ich mich taufen lasse? Und er ließ den Wagen halten und beide stiegen in das Wasser hinab, Philippus und der Kämmerer, und er taufte ihn. Als sie aber aus dem Wasser heraufstiegen, entrückte der Geist des Herrn den Philippus und der Kämmerer sah ihn nicht mehr; er zog aber seine Straße fröhlich. Philippus aber fand sich in Aschdod wieder und zog umher und predigte in allen Städten das Evangelium, bis er nach Cäsarea kam. (Apg 8,26-40)

Liebe Schwestern und Brüder, Liebe Gemeinde!

Für eine Begegnung braucht es immer zwei – mindestens zwei! Und es braucht einen bestimmten Ort und eine bestimmte Zeit. Hier sind zwei Männer, die sich zur genau richtigen Zeit am genau richtigen Ort begegnen, weil der lebendige Gott selbst es so arrangiert.

Da ist der eine. Wir kennen seinen Namen. Philippus heisst er. Das ist die latinisierte Version eines damals häufigen Namens, der „Pferdefreund" bedeutet - und von dem der bei uns gebräuchliche Name Philip/Philipp herkommt. Wir begegnen dem Philippus viermal in der Apostelgeschichte. Er ist einer der sieben, die beauftragt werden, die Versorgung der griechisch-sprechenden Witwen mit Nahrungsmitteln in der ersten christlichen Gemeinde von Jerusalem an die Hand zu nehmen (Apg 6,1-7). Eine sehr handfeste, konkrete, dienende Aufgabe. Doch schon bald stellen wir fest, dass er offenbar auch ein begnadeter Verkündiger des Evangeliums war (Apg 8,4-25). An einer Schlüsselstelle der frühen Kirchengeschichte wirkte er als Evangelist im Gebiet von Samarien und Judäa. Am Schluss unserer Geschichte lässt er sich in Cäsarea am Meer nieder, wo er 20 Jahre später immer noch lebt im Kreis seiner Familie mit vier Töchtern (Apg 21,8-9).

Da ist der andere. Wir kennen seinen Namen nicht. Aber wir bekommen ein paar wenige Informationen über ihn. Er ist eine hochgestellte Persönlichkeit aus Äthiopien. Selbstverständlich denken wir an das afrikanische Land, das heute diese Bezeichnung trägt. Gemeint war damals jedoch ein Reich, das im Gebiet des heutigen Sudan lag. Dort gab es mehrmals Frauen als Regentinnen und einflussreiche Königsmütter. Die Forschung nimmt an, dass Kandake der Titel dieser Regentinnen oder Königsmütter war. Dieser einflussreiche Mann in unserer Geschichte war der Finanzminister von Kandake. Wie damals an Höfen üblich war er ein Eunuch – jüdisch gesprochen ein Verschnittener. Ohne das Opfer seiner Männlichkeit, ohne die Preisgabe dieser Lebensperspektive einer Ehe und Familie mit Nachkommen wäre seine Karriere unmöglich gewesen.

(Doch bevor wir uns darüber zu sehr entsetzen: Werden nicht gerade heute in unserer Gesellschaft Gesundheit, Ehen und Familie für Karrieren aufs Spiel gesetzt und geopfert?) Und noch etwas erfahren wir. Dieser Finanzminister nahm sich offenbar – und das war nur denkbar mit der Erlaubnis seiner Königin – ein Timeout für eine Pilgerfahrt zum Tempel in Jerusalem. Mit den damaligen Reisemöglichkeiten musste man rund 3 Monate einsetzen für diese 3000 Kilometer hin und zurück. Am Ziel der Reise gab es zudem eine herbe Enttäuschung in Form einer unüberwindlichen Hürde im Jerusalemer Tempel. Mit den meisten Auslegern ist anzunehmen, dass dieser schwarze Afrikaner kein Jude, sondern ein sogenannter Gottesfürchtiger war. Einer also, der ausserhalb des Judentums stand, der aber trotzdem den Gott Israels verehrte. Als Nichtjude und als Eunuch war er nur bis zum Vorhof der Heiden zugelassen (vgl. Dt 23,1). Er konnte also am Ziel seiner Reise gar nicht erst in den inneren Bezirk des Tempels gelangen, um dort anzubeten. Diese Signale sagten ihm deutlich: „Du bist zwar nahe dran, aber trotzdem ausgeschlossen! Du gehörst nicht wirklich dazu!“

Nun ist er auf der Rückreise. Die 1500 km lange, beschwerliche Reise von Jerusalem bis in seine Heimat liegt vor ihm. Worüber denkt er jetzt nach? Wie geht es ihm? Wie hat er diesen Aufenthalt in Jerusalem und im Tempel erlebt? Wie hat er diese Ausgrenzung verdaut? Und weshalb hat er ausgerechnet eine Schriftrolle von Jesaja dabei?

Das Buch des Propheten Jesaja enthält in Kapitel 56 (Verse 3-8) eine Verheissung, die Menschen wie unseren afrikanischen Finanzminister mit farbiger Hautfarbe ganz direkt betrifft. Dort ist nämlich zu lesen von einer Zeit, in der der lebendige Gott den Fremden und den Verschnittenen voll und ganz in seine Gemeinschaft aufnehmen wird. Du, Fremder und Verschnittener, wirst dann ganz dazugehören – so könnte man das auf den Punkt bringen.

Das sind die zwei. Doch: wie kommt es überhaupt zur Begegnung? Wie kommt es dazu, dass der Finanzminister und der Evangelist einander treffen und ins

Gespräch kommen? Das geschieht ja nicht einfach so, wie wenn sich zwei Freundinnen oder Freunde für einen Schwatz treffen – und dafür einen Termin mit Ort und Zeit vereinbaren – und dann noch per Smartphone die Details nachjustieren. Die beiden Hauptakteure hier kennen sich ja gar nicht. Sie wissen ja nicht einmal voneinander. Aber dieses Treffen findet statt, weil eben der lebendige Gott Termine hat, die nicht in unserem Kalender stehen. Wir realisieren, dass hier ein göttliches Arrangement im Spiel ist. Gott selber hat diese Begegnung arrangiert.

Dieses göttliche Arrangement von Ort und Zeit wird in zwei Stufen aufgegleist. Zuerst einmal wird der Engel des Herrn aufgeboten. Dieser Engel ist sozusagen der Sondergesandte Gottes für die ganz grossen und die ganz wichtigen Aufträge. In der Bibel taucht er an Schlüsselstellen und wichtigen Übergängen auf. Schon die blosse Erwähnung des Engels des Herrn ist ein deutliches Signal, dass es hier um etwas eminent Wichtiges in Bezug auf die beteiligten Menschen und im Blick auf die Geschichte Gottes mit dieser Welt geht.

Jerusalem ist bekannt – Gaza ist bekannt. Der Engel des Herrn gibt dem Philippus eine präzise Ortsangabe, wo er jetzt hinsoll. Mitten aus einer blühenden Arbeit – übrigens nördlich von Jerusalem - wird er herausgerufen und nach Süden auf diese öde Strasse von Jerusalem nach Gaza geschickt. Wahrscheinlich war dieser Auftrag für den Philippus genauso unverständlich wie für uns, wenn wir diese Geschichte lesen. Wir haben kein Problem, uns eine lange Liste von möglichen Ausreden und Entschuldigungen auszudenken, um einem solchen Auftrag nicht Folge zu leisten. Von Philippus heisst es aber schlicht und einfach: Und er stand auf und ging hin. Verhalten wir uns auch so, wenn uns der lebendige Gott einen Auftrag gibt? Verhalten wir uns auch so, wenn er uns zu einem Menschen schickt? Sind wir gehorsam, wenn er uns in seinen Dienst ruft?

Philippus steht auf und geht – und nur so erfährt er, was es mit diesem Auftrag auf sich hat. Nun übernimmt der Heilige Geist, der in der Apostelgeschichte die treibende Kraft ist, die Regie und lotst den Philippus zum genau richtigen Wagen, auf dem dieser afrikanische Finanzminister sitzt und – wie damals üblich – laut liest.

Liebe Gemeinde,

sind wir offen für solche Fingerzeige und Wegweisungen des lebendigen Gottes in unserem Alltag? Sind wir offen dafür, dass er uns einen Auftrag gibt und uns mit Menschen zusammenführt, an die wir überhaupt nicht gedacht haben? Philippus wird uns hier als Mensch vor Augen gestellt, der bereit ist für Gottes konkretes Leiten im ganz Alltäglichen.

Nun müssen wir uns an diesem Punkt etwas Zeit nehmen und über unser eigenes Leben nachdenken. Kennen wir auch solche Termine und Arrangements, die schlicht über das Normale hinausgehen? Ich erinnere mich an eine Begebenheit, als ich morgens um 7 Uhr bei einem Geschäftsmann ins Büro trat, als diesem gerade wenige Momente zuvor der wichtigste Deal seiner Berufkarriere geplatzt war. Zufall? Ich erinnere mich an eine Begebenheit, als ich einen Bekannten besuchte, weil ich unter der Dusche wie angeworfen den Eindruck hatte, ich sollte das noch am gleichen Abend tun. Ich war erstaunt, als ich ihn zu Hause antraf – und noch erstaunter, als er nach einer Stunde Gespräch sagte, er habe zur Zeit, als ich unter der Dusche stand, gebetet, dass jemand zu ihm komme ... Zufall? Ich weiss inzwischen: es gibt diese göttlichen Termine und Arrangements, die nicht in unserem Kalender stehen …

Hier geht es aber um viel mehr als einfach um diese zwei Menschen, die zusammenkommen und miteinander reden. Hier geht es darum, dass das Evangelium jetzt weit über das Judentum hinausgreift, Menschen bis zu den Enden der Erde erreicht und zu einer Gemeinschaft formt. Hier wird ein Mensch von ganz ausserhalb ins Gottesvolk integriert. Hier kommt der erste uns bekannte Afrikaner zum Glauben an Jesus. Wie ein Stein, der ins Wasser geworfen wird, immer weitere Kreise zieht, so zieht auch das Evangelium von Jesus immer weitere Kreise – diese Bewegung ist immer noch in vollem Gang.

Jetzt sind die beiden zusammen und sitzen da auf dem Wagen. Sie reden über diese rätselhafte Stelle aus dem Propheten Jesaja – Kapitel 53. Philippus redet vom Evangelium. Er redet von Jesus, dem Höhepunkt der Geschichte Gottes mit unserer Welt. In diesem Jesus kommt Gott selbst in unsere Welt, um die vielen trennenden Schranken niederzureissen und uns voll und ganz in seine Gemeinschaft aufzunehmen. Jetzt ist es soweit. Jetzt gibt es kein Hindernis mehr, dass Du ganz dazugehörst – auch wenn Du ein Fremder bist – auch wenn Du ein Eunuch und Verschnittener bist – auch wenn Du einer aus der Hochfinanz bist – auch wenn Du eine bist, die sonst ausgeschlossen ist unter den Menschen. Nach Kreuz und Auferstehung sind die Türen weit offen für jeden Menschen – unabhängig von Herkunft, Hautfarbe und Geschlecht. Der lebendige Gott empfängt Dich mit offenen Armen und nimmt Dich als vollwertiges Mitglied in seine Gemeinschaft auf. Das ist das Evangelium.

Völlig logisch, dass es jetzt zur Taufe kommt. Völlig unkompliziert steigen die beiden vom Wagen herunter und hinein ins Wasser. Denn die Taufe ist das handfeste Zeichen dieser vollen Zugehörigkeit zum lebendigen Gott, der in Jesus Christus alle Schranken beseitigt hat und uns in seiner Gemeinschaft willkommen heisst und aufnimmt. Wenn der Finanzminister als Erwachsener getauft wird, dann steht er voll und ganz dazu, dass er jetzt voll und ganz dazugehört. Wenn ein Kind getauft wird, dann sprechen wir über diesem jungen Leben zum vornherein diese gewaltige Verheissung der Zugehörigkeit zu Gott und zu seinem Volk aus. Gott hat in Jesus Christus sein bedingungsloses Ja zu Dir gesagt. Und Du bist gefragt: Hast Du das gehört, dass Du ganz und gar diesem Gott gehören sollst – für jetzt und für immer – für Zeit und Ewigkeit?

Die Begegnung endet abrupt. Philippus wird sofort abdetachiert und auf mysteriöse Weise in ein neues Wirkungsgebiet versetzt. Der afrikanische Finanzminister zieht seine Strasse weiter. Zurück in seine Heimat. Zurück an seinen Arbeitsplatz. Zurück in seine Verhältnisse. Was ihn dort erwartet, wissen wir nicht. Aber eines wissen wir. Jetzt gehört er zu Gott und zum Gottesvolk. Und darum zieht er seine Strasse fröhlich.

AMEN!

Begegnung mit dem Auferstandenen

Saulus aber schnaubte noch mit Drohen und Morden gegen die Jünger des Herrn und ging zum Hohenpriester und bat ihn um Briefe nach Damaskus an die Synagogen, damit er Anhänger des neuen Weges, Männer und Frauen, wenn er sie dort fände, gefesselt nach Jerusalem führe. Als er aber auf dem Wege war und in die Nähe von Damaskus kam, umleuchtete ihn plötzlich ein Licht vom Himmel; und er fiel auf die Erde und hörte eine Stimme, die sprach zu ihm: Saul, Saul, was verfolgst du mich? Er aber sprach: Herr, wer bist du? Der sprach: Ich bin Jesus, den du verfolgst. Steh auf und geh in die Stadt; da wird man dir sagen, was du tun sollst. Die Männer aber, die seine Gefährten waren, standen sprachlos da; denn sie hörten zwar die Stimme, aber sahen niemanden. Saulus aber richtete sich auf von der Erde; und als er seine Augen aufschlug, sah er nichts. Sie nahmen ihn aber bei der Hand und führten ihn nach Damaskus; und er konnte drei Tage nicht sehen und aß nicht und trank nicht. (Apg 9,1-9)

Liebe Schwestern und Brüder, Liebe Gemeinde!

Darf ich Euch Maurice Garin vorstellen? Maurice Garin (1871-1957) gewann als 31jähriger die erste Tour de France von 1903! Bereits zuvor hatte der gelernte Schornsteinfeger bedeutende Radrennen gewonnen – unter anderem zweimal den Radklassiker Paris-Roubaix (1897/1898). Die zweite Austragung der Tour de France im Jahr 1904 dauerte 19 Tage und umfasste eine Strecke von 2428 km. Als Sieger kam wiederum Maurice Garin in Paris angeradelt. Doch anschliessend kam es – nicht zum letzten Mal an der Tour de France - zum Skandal. Garin wurde disqualifiziert, weil er – wie andere Fahrer auch – Abkürzungen über Waldwege genommen hatte, um schneller am Etappenziel anzugelangen. Bei den Untersuchungen kam ebenfalls ans Licht, dass er und andere für Abkürzungen sogar die Eisenbahn benutzt hatten! Die ersten vier wurden allesamt disqualifiziert.

Für unseren Geschmack war diese Tour ein sehr seltsames Radrennen. Fans fielen über Rennfahrer her und verprügelten sie. Maurice Garin und sein Bruder Cesar (der als dritter des Schlussklassements dann schliesslich ebenfalls disqualifiziert wurde) wurden ebenfalls unterwegs Opfer einer solchen Attacke. Maurice wurde einmal sogar von einem Steinwurf mitten im Gesicht getroffen. Er soll sogar gesagt haben: „Ich werde die Tour de France gewinnen – sofern ich nicht ermordet werde, bevor ich nach Paris komme." Es ging sogar soweit, dass Anhänger bestimmter Rennfahrer Bäume fällten (!), um Konkurrenten am Weiterkommen zu hindern.

Garin und seine Helfershelfer liessen kaum etwas unversucht für diesen Sieg. Dem jungen Henri Cornet, dem eigentlich Fünftplatzierten der Tour, dem nach den Untersuchungen am grünen Tisch der Sieg zuerkannt wurde, hatte man unterwegs eine mit Veronal präparierte Hühnerkeule gereicht, sodass er schlafend vom Rad fiel. Andere wurden mit Abführpulver im Getränk, Juckpulver im Trikot, Schmirgel in der Rennhose oder angesägten Velorahmen traktiert. Zudem wurden den Konkurrenten immer fleissig Schuhnägel vor die Reifen geworfen. Die Empörung über Garin war so gross, dass man ihn „das Wildschwein" nannte und ein Konkurrent seinen Mechaniker verprügelte.

Warum erzähle ich das? Garin – ein Mann, der um jeden Preis gewinnen will und dem dafür jedes Mittel recht ist. Garin – ein Mann, der gewinnen will und der dafür alle Register zieht. Garin – ein Mann der Abkürzungen! Blickwechsel: Schauen wir jetzt auf Saulus-Paulus! Was für ein Unterschied! Was für ein Kontrast! Saulus-Paulus will zwar um jeden Preis gewinnen, aber er ist definitiv kein Mann der Abkürzungen.

Die Berufung des Saulus-Paulus (ich nenne ihn von jetzt an einfach Paulus, weil er uns unter diesem Namen geläufig ist) – das Ereignis, mit dem wir uns hier beschäftigen – hat den Gang der Weltgeschichte stärker beeinflusst, als wir im ersten Moment denken. Im Neuen Testament beansprucht dieses Ereignis – abgesehen von der Passion, Kreuzigung und Auferstehung Jesu – mehr Raum als jedes andere Ereignis. Dreimal wird in der Apostelgeschichte die Berufung des Paulus ausführlich erzählt – hier und dann noch zweimal in den Reden von Paulus (Kapitel 22 und 26).

Wer war Paulus? Er war ein frommer Jude von klein auf, vertraut mit den Heiligen Schriften, Gott hingegeben, ein konsequenter und eifriger Anhänger der Pharisäer. Zudem war er mindestens dreisprachig, beherrschte Griechisch, Hebräisch und Aramäisch (vermutlich auch Latein). Aufgewachsen in der Handels- und Bildungsstadt Tarsus (im Südosten der heutigen Türkei). Paulus war hoch intelligent, hervorragend gebildet und in der biblischen Tradition tief verwurzelt.

Und Paulus verfolgte die Männer und Frauen, die diesen Rabbi Jesus als Messias verehrten. Wir begegnen ihm zum ersten Mal in der Geschichte von Stephanus, der als erster uns bekannter christlicher Märtyrer sein Bekenntnis zu Jesus als Messias mit dem Tod bezahlt. Paulus ist als junger Mann dabei und billigt ausdrücklich die Steinigung des Stephanus. „Saulus aber suchte die Gemeinde zu zerstören, ging von Haus zu Haus, schleppte Männer und Frauen fort und warf sie ins Gefängnis.“ (Apg 8,3) Paulus ist eine Schlüsselperson, vielleicht sogar die treibende Kraft in dieser Verfolgung, die zum Ziel hat, diese Bewegung auszulöschen. Wenn es ihm gelungen wäre, dann wären wir heute nicht hier …

Doch seine Bemühungen in Jerusalem haben etwa den gleichen Effekt wie wenn ein Sturmwind in ein riesiges loderndes Feuer hineinfährt. Die Funken verteilen sich über ein ganzes Gebiet. In der Apostelgeschichte hören wir etwas davon, wie sich durch die Verfolgung die Funken auf Judäa und Samarien verteilen – und in Samarien entfachen sie ein weiteres Grossfeuer. Der Funkenwurf geht sogar bis nach Damaskus und – wie wir später hören werden – nach Antiochia (nach Rom und Alexandria die damals drittgrösste Stadt im römischen Imperium).

Saulus aber schnaubte noch mit Drohen und Morden gegen die Jünger des Herrn und ging zum Hohenpriester und bat ihn um Briefe nach Damaskus an die Synagogen, damit er Anhänger des neuen Weges, Männer und Frauen, wenn er sie dort fände, gefesselt nach Jerusalem führe.

Was tut also Paulus? Er dehnt seine Bemühungen aus. Dort in Damaskus will nun auch den Anfängen dieser Jesus-Bewegung wehren, indem er die Männer und Frauen (!) aufspürt und gefangen wegführt. Jetzt ist Damaskus an der Reihe. Und so ist er jetzt unterwegs. Unterwegs von Jerusalem nach Damaskus. Unterwegs mit Reisebegleitern – wohl Polizisten oder Soldaten, denn er will ja Leute gefangen wegführen. Unterwegs auf einer Reise, die damals normalerweise fünf bis sechs Tage dauerte. Unterwegs auf einer Reise, die sein Leben in ein Vorher und ein Nachher unterteilen wird. Warum? Weil er unterwegs dem auferstandenen Jesus begegnet!

Als er aber auf dem Wege war und in die Nähe von Damaskus kam, umleuchtete ihn plötzlich ein Licht vom Himmel; und er fiel auf die Erde und hörte eine Stimme, die sprach zu ihm: Saul, Saul, was verfolgst du mich? Er aber sprach: Herr, wer bist du? Der sprach: Ich bin Jesus, den du verfolgst. Steh auf und geh in die Stadt; da wird man dir sagen, was du tun sollst. Die Männer aber, die seine Gefährten waren, standen sprachlos da; denn sie hörten zwar die Stimme, aber sahen niemanden.

Ich bin verblüfft über das, was der Auferstandene hier dem Paulus sagt. Paulus verfolgte doch die Anhänger von Jesus – Männer und Frauen, wie wir es gehört haben. Aber Jesus sagt über dieses Verfolgen: Was verfolgst du mich? Mit anderen Worten: Jesus identifiziert sich total mit den Menschen, die ihm nachfolgen. Jesus ist eins mit den Seinen. Wer die Seinen belächelt, verspottet, verfolgt, schlägt, ins Gefängnis wirft und umbringt – der richtet sich gegen Gott und seinen Messias. Darum sagt Jesus hier zu Paulus: Was verfolgst du mich? Lasst uns das hören: Wenn wir zu leiden haben, weil wir uns zu Jesus bekennen, dann identifiziert sich der Gekreuzigte, Auferstandene und Wiederkommende ganz mit uns. Leidet mit uns, trägt mit uns. Ist ganz an unserer Seite.

Dem Auferstandenen begegnen – hier haben wir die dramatischte Version. Es gibt auch andere, weniger dramatische Versionen. Wichtig ist einzig, dass wir dem Auferstandenen begegnen. Hier bei Paulus ist es Licht vom Himmel - und im Hintergrund schwingt die ganze Rede der biblischen Tradition von der Herrlichkeit Gottes mit. Wie können wir uns dieses Licht vorstellen? War es ein Blitz? War es eine ultrahelle Erscheinung am Himmel? War es das leuchtende Gesicht des Auferstandenen? Alles wurde von Auslegern vorgeschlagen, aber wir wissen es nicht im Detail.

Doch eines leuchtet uns spontan ein, was hier berichtet wird. Wer ein ultrahelles Licht sieht – und zu lange ansieht, der hat danach ein Problem mit dem Sehen. Wenn wir beispielsweise zu lange in die Sonne schauen, dann erblinden wir. (Deshalb gibt es ja auch diese Schutzbrillen, um beispielsweise eine Sonnenfinsternis zu beobachten.) Paulus steht auf und er schlägt die Augen auf, aber er sieht nichts – drei Tage lang.

Saulus aber richtete sich auf von der Erde; und als er seine Augen aufschlug, sah er nichts. Sie nahmen ihn aber bei der Hand und führten ihn nach Damaskus; und er konnte drei Tage nicht sehen und aß nicht und trank nicht.

Verrückt. Da war er doch gerade noch unterwegs – hoch zu Ross vielleicht. Ausgerüstet mit Legitimationsbriefen zur Verfolgung. Überzeugt davon, er würde dadurch die Ehre Gottes verteidigen. Und dann von einem Moment zum anderen wird aus diesem starken ein hilfloser Mann – kennen wir auch solche Beispiele? Paulus fällt zu Boden. Er sieht nichts mehr. Man muss ihn an der Hand nehmen und führen. Der Starke ist nun wirklich dem lebendigen Gott begegnet. Und Gott hatte das Angesicht Jesu. Das muss Paulus nun zuerst verarbeiten. Dafür braucht er einige Zeit. Seine Welt steht Kopf. Alles Bisherige – sein Hintergrund, seine Mehrsprachigkeit, seine Bildung, seine Vertrautheit mit der biblischen Tradition - wird ihm enorm nützlich sein für seine zukünftige Aufgabe. Doch was für eine Wende! Von nun an wird er genau die Botschaft weitergeben, deren Anhänger er bisher verfolgt hatte. Er wird Gott weiter mit der gleichen Radikalität dienen, aber jetzt folgt er Jesus, dem Messias. Aus dem Verfolger wird einer, der sich radikal auf die Seite der Verfolgten stellt und dadurch selber zum Verfolgten wird.

Liebe Gemeinde!

Es gibt sie auch heute, diese dramatischen Beispiele einer Hinwendung zum gekreuzigten und auferstandenen Jesus vom Kaliber des Paulus. Es gibt sie auch heute, solche Begegnungen. Aber dieser „Kaliber" ist die Ausnahme, nicht die Regel. Wichtig ist auch nicht der Grad von Dramatik, sondern die schlichte Tatsache: Ich bin Jesus begegnet – und jetzt folge ich ihm – mit Haut und Haar – mit allem, was ich bin und habe – von ganzem Herzen. Ich gehöre ihm – für Zeit und Ewigkeit.

AMEN!

Der grosse Tag

Es war aber ein Jünger in Damaskus mit Namen Hananias; dem erschien der Herr und sprach: Hananias! Und er sprach: Hier bin ich, Herr. Der Herr sprach zu ihm: Steh auf und geh in die Straße, die die Gerade heißt, und frage in dem Haus des Judas nach einem Mann mit Namen Saulus von Tarsus. Denn siehe, er betet und hat in einer Erscheinung einen Mann gesehen mit Namen Hananias, der zu ihm hereinkam und die Hand auf ihn legte, damit er wieder sehend werde. Hananias aber antwortete: Herr, ich habe von vielen gehört über diesen Mann, wie viel Böses er deinen Heiligen in Jerusalem angetan hat; und hier hat er Vollmacht von den Hohenpriestern, alle gefangen zu nehmen, die deinen Namen anrufen. Doch der Herr sprach zu ihm: Geh nur hin; denn dieser ist mein auserwähltes Werkzeug, dass er meinen Namen trage vor Heiden und vor Könige und vor das Volk Israel. Ich will ihm zeigen, wie viel er leiden muss um meines Namens willen. Und Hananias ging hin und kam in das Haus und legte die Hände auf ihn und sprach: Lieber Bruder Saul, der Herr hat mich gesandt, Jesus, der dir auf dem Wege hierher erschienen ist, dass du wieder sehend und mit dem Heiligen Geist erfüllt werdest. Und sogleich fiel es von seinen Augen wie Schuppen und er wurde wieder sehend; und er stand auf, ließ sich taufen und nahm Speise zu sich und stärkte sich. Saulus blieb aber einige Tage bei den Jüngern in Damaskus. (Apg 9,10-19)

Liebe Schwestern und Brüder, Liebe Gemeinde!

Kürzlich waren wir als Ehepaar in einer Open-Air-Vorstellung. Das Stück bestand aus einer Mischung von Show, Theater und Musical. Wir hatten Gutscheine geschenkt bekommen und konnten die Tickets aus einer der insgesamt rund 100 Vorstellungen auswählen. Mein Schwager und meine Schwägerin kauften unabhängig von uns Tickets – für die gleiche Vorstellung am gleichen Abend. So konnten wir unverhofft einen gemeinsamen Abend verbringen.

Vor etwa einem Monat vereinbarte ich ein Telefonat auf einen bestimmten Tag am Abend. Als ich dann um etwa 19 Uhr die Nummer einstellte, war die betreffende Person plötzlich zugeschaltet, aber sie meldete sich nicht. Wir hatten innerhalb von wenigen Sekunden uns gegenseitig angerufen. Wir waren beide kurz verblüfft – und konnten dann normal unser Gespräch führen. Nun gibt es noch eine Steigerung davon – und die ist mir auch schon passiert. Es ist schon Jahre her, da wählte ich die Telefonnummer einer bestimmten Person, mit der ich schon lange Zeit keinen Kontakt mehr hatte – und diese Person (ich weiss leider nicht mehr, wer es war) hatte genau an diesem Tag genau zu dieser Zeit meine Nummer gewählt. Wir waren beide sehr verblüfft und brauchten einige Zeit, bis wir uns von der Überraschung erholt hatten und ein normales Telefongespräch führen konnten. Denn die Wahrscheinlichkeit dieses Ereignisses war nun wirklich sehr, sehr klein. Ein Jahr hat ja immerhin 31‘536‘000 Sekunden …

Bei diesen Beispielen, die ich geschildert habe, wäre ich zurückhaltend, von einem göttlichen Arrangement zu reden. Bei dieser Begegnung von Hananias mit Saulus-Paulus ist jedoch die Regie Gottes mit Händen zu greifen. Es ist der grosse Tag des Hananias. Es ist sein einziger Auftritt auf der Bühne der Weltgeschichte. Wir wissen weder etwas über sein Leben vorher noch über sein Leben nachher. Wir wissen nur, dass er zu dieser Zeit in Damaskus lebte und schlicht ein Jünger war – ein Nachfolger von Jesus.

Es war aber ein Jünger in Damaskus mit Namen Hananias; dem erschien der Herr und sprach: Hananias! Und er sprach: Hier bin ich, Herr.

Das ist das erste, was uns hier auffällt. Jesus, der Gott-mit-uns, der Gekreuzigte und Auferstandene – er spricht den Namen aus: Hananias. Dieser Name hat es – wie so viele Namen – in sich. Hananias ist die griechische Form des hebräischen Namens Chananja und bedeutet so viel wie: Gott ist gnädig. Was für ein Name! Was für eine Verheissung in diesem Namen! Und hier kommen für uns sofort die Namen ins Spiel, die wir selber tragen. Die meisten von uns würden

Erstaunliches in ihrem Namen entdecken! Peter, Hans, Esther, Ruth – diese und viele weitere Namen führen direkt zu einer biblischen Gestalt. Kennst Du diese Person, von der Du Deinen Namen hast? Und dann die Bedeutung unseres Namens in einem Lexikon nachschlagen und darüber nachdenken. Mir selber ist der Name kostbar, den mir meine Eltern gegeben haben.

Hananias hört seinen Namen! Das ist ein Markenzeichen Gottes – ein Markenzeichen von Gottes Erlöser und Befreier, dass er uns mit unserem Namen anspricht und ruft. Die Botschaft ist klar: Du bist gemeint! Der lebendige Gott, der uns in Jesus Christus sein Gesicht zeigt, meint Dich und mich und jeden Menschen persönlich. Was für ein Tag, an dem uns das klar wird. Wie reagiert Hananias, als er seinen Namen hört? Er sagt: Hier bin ich! Ich stehe zur Verfügung. Ich bin bereit, das zu tun, was mir gesagt wird. Hananias ist ganz Ohr – ganz offen – ganz bereit.

Der Herr sprach zu ihm: Steh auf und geh in die Straße, die die Gerade heißt, und frage in dem Haus des Judas nach einem Mann mit Namen Saulus von Tarsus. Denn siehe, er betet und hat in einer Erscheinung einen Mann gesehen mit Namen Hananias, der zu ihm hereinkam und die Hand auf ihn legte, damit er wieder sehend werde.

Mir gefällt die Präzision in dieser Instruktion. Hananias soll Saulus-Paulus besuchen und ihm die Hände auflegen. Dazu bekommt er eine präzise Ortsangabe, die einer heutigen Postadresse entspricht. Er lebt ja in Damaskus und er kennt diese Gerade Strasse bestens. Es ist eine der Hauptverkehrsachsen durch die Stadt – eine Prachtstrasse mit Säulenhallen links und rechts, wo zahlreiche Händler ihre Waren anbieten. Heute heisst sie Darb al-Mustaqim. Dort soll er das Haus von Judas aufsuchen, wo Saulus-Paulus zu Gast ist.

Hananias aber antwortete: Herr, ich habe von vielen gehört über diesen Mann, wie viel Böses er deinen Heiligen in Jerusalem angetan hat; und hier hat er

Vollmacht von den Hohenpriestern, alle gefangen zu nehmen, die deinen Namen anrufen.

Die Geschichte wiederholt sich. Wenn Gott einen Auftrag gibt, dann sind die Einwände schnell zur Hand. Und Hananias hat wirklich gewichtige Einwände. Er ist ein Jesusjünger und Saulus-Paulus ist der eifrigste Verfolger dieser Jesusjünger in Jerusalem und jetzt auch in Damaskus. Hananias ist in bester Gesellschaft mit seinem Einwand. Schon viele vor ihm hatten Einwände. Mose hielt sich für nicht genug redegewandt (Exodus 3,11), Jeremia hielt sich für zu jung (Jeremia 1,6) und Zacharias für zu alt (Lukas 1,18). Der Einwand zeigt vor allem, dass Hananias auch als glaubender Mensch immer noch fest mit beiden Beinen auf dem Boden der Realität steht. Man liefert sich als Christ nicht einfach so dem Chef-Verfolger der Christen aus, oder?

Doch eigentlich ist das hier wirklich zum Schmunzeln! Hananias „informiert" den gekreuzigten und auferstandenen Herrn über diesen berüchtigten Christenverfolger Saulus-Paulus. Als ob das nötig wäre! Doch schauen wir nicht zu weit: ich erinnere mich an Gebete, an eigene und fremde, die solche „Informationselemente" enthielten. Sie sind kurios, diese Sachinformationen in Gebeten, weil sie komplett überflüssig sind. Wir müssen unseren Gott und Herrn nicht informieren über das, was sich hier abspielt – er weiss bereits bestens Bescheid. Aber eben: das passiert auch Menschen, die Jesusjünger sind – wie hier dem Hananias. Die Bedrohung durch Saulus-Paulus ist nicht eingebildet – sie ist sehr real. Er war tatsächlich unterwegs nach Damaskus mit besonderen Vollmachten, um dort Menschen wie Hananias aufzuspüren und zu verhaften. Hananias wusste um die Gefahr, die von diesem Mann ausging und die auch ihn selber bedrohte.

Der Rest ist schnell erzählt: Jesus wiederholt den Auftrag und schildert die besondere Berufung von Paulus. Der Verfolger wird selber zum Verfolgten werden, weil er das Evangelium und den Namen von Jesus, dem Gekreuzigten und Auferstandenen, in die damals bekannte Welt hinaustragen wird. Hananias geht und erfüllt seinen Auftrag. Wir müssen uns diese Szene lebhaft vorstellen, wie er da zur Türe hereinkommt und den bisherigen Christenverfolger Paulus mit lieber Bruder anspricht und ihn in die Gemeinschaft der Jesus-Nachfolger aufnimmt. Und wie dann Paulus wieder sein Augenlicht bekommt, sich taufen lässt und sich mit einer Mahlzeit stärkt.

Da sind wir – Du und ich. Sind wir bereit, wenn Gott uns mit Namen ruft? Sind wir bereit, dem Gekreuzigten und Auferstanden zu begegnen? Sind wir offen und bereit, seinen Ruf zu hören und diesem einen Menschen zu begegnen, zu dem er uns schickt?

Hananias ist für mich ein Aufsteller, weil er hört, weil er bereit ist, weil er ganz normale Einwände hat und sie auch ausspricht. Und weil er schlussendlich einfach gehorcht, indem er geht und tut. Er ist ein Beispiel eines ganz normalen Menschen und Christen. Vielleicht war sein Leben vorher und sein Leben nachher völlig unspektakulär. Vielleicht war das die einzige Vision in seinem Leben. Vielleicht war es der einzige göttliche Auftrag, den er so direkt erhielt. Der Aufsteller ist: Hananias war wach und bereit. Als er gerufen wurde, sagte er: Hier bin ich! Als er die Adresse erhielt, da ging er dorthin. Als er zu diesem einen Menschen geschickt wurde, der ihn brauchte, da ging er.

Du und ich – wir haben einen Auftrag im Leben. Vielleicht nimmt das Leben einfach seinen gewohnten Gang und es geschieht Tag für Tag nichts Auffälliges. Wir stehen auf, tun unsere Sache, treffen Familie und Freunde, nehmen unsere Mahlzeiten ein und gehen abends zu Bett. Das Wichtigste aber ist, dass wir bereit sind, wenn der lebendige Gott uns ruft, wenn Jesus unseren Namen ausspricht und wenn wir den Menschen dienen, zu denen er uns schickt.

AMEN!

Vom Verfolger zum Verfolgten

Saulus blieb aber einige Tage bei den Jüngern in Damaskus. Und alsbald predigte er in den Synagogen von Jesus, dass dieser Gottes Sohn sei. Alle aber, die es hörten, entsetzten sich und sprachen: Ist das nicht der, der in Jerusalem alle vernichten wollte, die diesen Namen anrufen, und ist er nicht deshalb hierher gekommen, dass er sie gefesselt zu den Hohenpriestern führe? Saulus aber gewann immer mehr an Kraft und trieb die Juden in die Enge, die in Damaskus wohnten, und bewies, dass Jesus der Christus ist. Nach mehreren Tagen aber hielten die Juden Rat und beschlossen, ihn zu töten. Aber es wurde Saulus bekannt, dass sie ihm nachstellten. Sie bewachten Tag und Nacht auch die Tore, um ihn zu töten. Da nahmen ihn seine Jünger bei Nacht und ließen ihn in einem Korb die Mauer hinab. Als er aber nach Jerusalem kam, versuchte er, sich zu den Jüngern zu halten; doch sie fürchteten sich alle vor ihm und glaubten nicht, dass er ein Jünger wäre. Barnabas aber nahm ihn zu sich und führte ihn zu den Aposteln und erzählte ihnen, wie Saulus auf dem Wege den Herrn gesehen und dass der mit ihm geredet und wie er in Damaskus im Namen Jesu frei und offen gepredigt hätte. Und er ging bei ihnen in Jerusalem ein und aus und predigte im Namen des Herrn frei und offen. Er redete und stritt auch mit den griechischen Juden; aber sie stellten ihm nach, um ihn zu töten. Als das die Brüder erfuhren, geleiteten sie ihn nach Cäsarea und schickten ihn weiter nach Tarsus. So hatte nun die Gemeinde Frieden in ganz Judäa und Galiläa und Samarien und baute sich auf und lebte in der Furcht des Herrn und mehrte sich unter dem Beistand des Heiligen Geistes. (Apg 9,19-31 Luther)

Liebe Schwestern und Brüder, Liebe Gemeinde!

Es ist hier wie bei einem Mobile … Wenn ein Teil sich bewegt, dann bewegt sich das Ganze. Alles verändert sich!

Die erste systematische Christenverfolgung, von der wir überhaupt etwas wissen, nimmt ein abruptes Ende. Weshalb? Weil genau die Person, die die treibende Kraft dieser Verfolgung war, nun selber auf abenteuerliche Weise zum Glauben gekommen ist. Als Christenverfolger ist er von Jerusalem aufgebrochen und nach Damaskus gereist – und als Christ ist er in Damaskus angekommen. Die Rede ist von Paulus – sein hebräischer Name ist Saulus. Er hat die Seiten gewechselt.

Die Apostelgeschichte des Lukas erzählt dreimal – und unterstreicht damit die Wichtigkeit dieses Ereignis – mit variierenden Aspekten, was da mit Paulus vor Damaskus passiert ist. Kern des Geschehens ist: Jesus, der Gekreuzigte und Auferstandene, hat ihm vor Damaskus den Weg versperrt, ist ihm persönlich begegnet, hat mit ihm geredet, hat ihm eine neue Berufung gegeben. Sein neuer Auftrag lautet: er soll den Namen Jesu verkündigen – und zwar Juden und Heiden. Er wird an vorderster Front daran beteiligt, diese Barriere zu durchbrechen und die gemischte Kirche aus Juden und Heiden zu prägen. In dieser Aufgabe wird er viel Leid und Schmerz erfahren. Er selber wird vom Verfolger zum Verfolgten.

Es ist wie bei einem Mobile ... Paulus, der jüdisch-pharisäische Chef-Verfolger der Christen, wird selber ein Jesus-Jünger, ein Christ. Und genau dadurch gerät nun alles in Bewegung und durcheinander.

Wir müssen uns einmal die Juden in Damaskus vorstellen, die offenbar einen stattlichen Teil der Bevölkerung in dieser antiken Stadt ausmachten und sich in mehreren Synagogen versammelten. Sie hatten vom Kommen des Paulus gehört. Und sein Kommen hatte das erklärte Ziel, die Jesusjünger – es waren ja zu diesem Zeitpunkt noch alles jüdische Jesusjünger - in den Synagogen in Damaskus systematisch aufzuspüren und zu verhaften. Und nun kommt Paulus tatsächlich. Und er kommt sogar in die Synagogen. Aber was er jetzt tut, ist etwas ganz Anderes als das, was sie aufgrund der Ankündigung erwartet hatten. Paulus verkündigt, dass Jesus der Sohn Gottes, dass Jesus der Messias ist. Dieser pharisäische Jude, der die Heiligen Schriften intus hat – ein Schwergewicht also! - verkündigt nun die Botschaft der Jesus-Anhänger! Die

Verwirrung über diese Entwicklung ist gross. Die Menschen sind entsetzt. Im Bild gesprochen: ein wichtiges Teil hat sich bewegt – und das ganze Mobile sieht anders aus.

Nun erfährt Paulus am eigenen Leib, wie es ist, Verfolgter zu sein. Man plant einen Anschlag auf sein Leben – es ist der erste in einer langen Reihe von Angriffen auf sein Leben. Die Jesusjünger in Damaskus helfen mit, dass er bei Nacht und Nebel aus Damaskus fliehen kann – und so fürs Erste in Sicherheit ist. Wo er genau hingegangen ist, wissen wir nicht. Paulus selber redet im Galaterbrief (1,11-24) von einem Aufenthalt unbekannter Länge in Arabien (wohl im Nabatäerreich) und der Rückkehr nach Damaskus. Und dann drei Jahre später von einer Reise nach Jerusalem, wo er den Apostel Petrus und den Herrenbruder Jakobus traf.

Hier in der Apostelgeschichte werden diese Zwischenstationen weggelassen. An Damaskus schliesst diese Szene in Jerusalem an. Und wir stellen fest, dass die Verunsicherung über diese Entwicklung nicht nur unter Juden insgesamt gross ist, sondern genauso auch unter den Jesus-Anhängern! Wenn wir uns das überlegen, dann ist es gut nachvollziehbar. Doch beim flüchtigen Lesen wundert man sich, denn jetzt müssten ihn doch die Christen mit offenen Armen empfangen und aufnehmen. Doch diese müssen sich unbequemen Fragen stellen: Soll man denn jetzt diesen Heissblüter Paulus, der an vorderster Front an der Steinigung von Stephanus beteiligt war (Apg 8,1-3), danach eine Kampagne gegen die Christen in Jerusalem führte und diese noch auf Damaskus ausdehnen wollte, wirklich aufnehmen? Soll man ihn jetzt einfach mit offenen Armen empfangen, wie wenn nichts gewesen wäre? Soll man ihm Zugang zum innersten Zirkel gewähren und ihm so Informationen zugänglich machen, die für einen Chef-Verfolger extrem wertvoll sind und bei missbräuchlicher Verwendung die Existenz der ganzen Jesus-Bewegung bedrohen? Wäre das nicht schlicht blauäugig, naiv und dumm? Es spricht für die Christen in Jerusalem und für ihre bodenständige Nüchternheit, dass sie Paulus nicht einfach den roten Teppich ausrollen. Es könnte ja auch eine Finte sein, diese ganze Geschichte mit dieser Begegnung mit dem Auferstandenen vor Damaskus. Deshalb sind die Türen zum Kreis der Jesusjünger und Apostel in Jerusalem zunächst verschlossen. Doch da ist dieser eine, der das Risiko auf sich nimmt: Barnabas. Solche Menschen braucht es immer wieder – auch heute – auch bei uns.

Barnabas hat einen hervorragenden Ruf in der Jerusalemer Gemeinde – und dies nicht zufällig. Es hat sicher auch damit zu tun, dass er ein Stück Land veräussert und den kompletten Erlös den Aposteln zum Nutzen der Armen in der Gemeinde gebracht hatte (Apg 4,36-37). Hier tritt er wieder ins Rampenlicht - an dieser entscheidenden Stelle. Was tut er? Er nimmt Paulus bei sich auf, er hört sich seine Geschichte an, er geht der Sache auf den Grund – und als er selber von dem überzeugt ist, was Paulus ihm berichtet, da öffnet er ihm die Türen zum innersten Kreis der Jesusjünger. Paulus wird später eine enorme Wirksamkeit entfalten. Aber in dieser ersten Phase seines Christseins braucht er Menschen wie Hananias (Apg 9,10-19) und Barnabas, die Paulus auf diesen wichtigen ersten Schritten im Glauben an den Gekreuzigten und Auferstandenen ermutigen, fördern und unterstützen.

Wo sind diese Frauen und Männer wie Barnabas heute? Zugespitzt gefragt: Bist Du so ein Christ, eine Christin wie Barnabas? Jemand, der bei den ersten Schritten anderer mit dabei ist, einfach ermutigt und unterstützt? Jemand, der Brücken baut und Verbindungen schafft, wenn Andere einfach aus sicherer Distanz zuschauen? Jemand, der Menschen in die christliche Gemeinschaft hineinführt und bei ihrer Verwurzelung mitwirkt? Jemand, der Herzen und Türen öffnet? Keine Sorge: die kritischen Stimmen kommen von selbst, wenn Menschen erste Schritte im Glauben wagen. Aber wo sind die Ermutiger, Förderer und Unterstützer?

Nachdem dieser wichtige Brückenschlag in Jerusalem gelungen ist, spitzt sich durch die Verkündigung des Paulus auch hier die Situation zu. Auch hier ist er wieder an Leib und Leben bedroht. Die Jünger erkennen, dass zuviel auf dem

Spiel steht und bringen ihn aus dem Schussfeld. Sie sorgen dafür, dass Paulus über Cäsarea am Meer in seine Heimatstadt Tarsus gelangt. Dort wird er die nächsten Jahre leben – und die Ausleger sind sich nicht einig, was er dort genau getan hat. War er schlicht berufstätig und verdiente sich unspektakulär seinen Lebensunterhalt als Zeltmacher? Oder hat er den Namen des Gekreuzigten und Auferstandenen dort in der ganzen Gegend bekannt gemacht? Die Quellen geben uns keine definitive Auskunft.

Das Mobile kommt nun nach all diesen Turbulenzen wieder etwas zur Ruhe. Nachdem der Auferstandene den Chefverfolger der Christen durch direkten Eingriff auf seine Seite gezogen hatte, können nun die Christen aufatmen und die Gemeinden weiter aufbauen: So hatte nun die Gemeinde Frieden in ganz Judäa und Galiläa und Samarien und baute sich auf und lebte in der Furcht des Herrn und mehrte sich unter dem Beistand des Heiligen Geistes. (Vers 31)

Wir wissen es: die Biographie von Paulus endet nicht hier mit diesen stillen Jahren. Barnabas verliert ihn nicht aus dem Blick, bleibt dran und holt ihn Jahre später von Tarsus weg nach Antiochia, als er dort genau jemanden wie Paulus braucht, der tatkräftig mithilft, die gemischte Gemeinde aus Juden und Heiden aufzubauen. Wieder gibt Barnabas den entscheidenden Impuls und leitet Paulus an. Doch schon bald darauf hat dieser Barnabas die Grösse, die Leitung an Paulus zu übergeben – mitten auf der ersten Missionsreise der beiden, die sie von Antiochia aus unternehmen. Und damit wird Paulus, der früher die treibende Kraft der Christenverfolgung war, zum treibenden Motor der Ausbreitung des christlichen Glaubens im römischen Reich und bis an die Enden der Erde. Was für eine Geschichte!

Und wir? Was gewinnen wir aus einer Geschichte wie dieser?
Der lebendige Gott, der sich in Jesus, dem Gekreuzigten und Auferstandenen zeigt, ist immer für eine Überraschung gut. Trauen wir ihm zu, dass er alles wenden kann? Trauen wir ihm zu, dass er ein Leben wie das des Christenverfolgers Paulus wenden kann?

Da taucht ein Jesusjünger mit Namen Barnabas auf, der weitgehend unbekannt ist in der Christenheit, ja sogar unter Bibellesern. Der grosse Name ist Paulus mit seiner spektakulären Jesus-Vision vor Damaskus und einer gewaltigen Ausstrahlung seines Wirkens, so dass ihn viele unter die 100 bedeutendsten Personen der Weltgeschichte zählen. Doch was der grosse Name ohne den kleinen Namen? Was wäre Paulus ohne Barnabas? Es braucht diese ganz gewöhnlichen Christen wie Dich und mich, die Brücken bauen und Verbindungen schauen und Vertrauen riskieren und Menschen mitnehmen auf den ersten unsicheren Schritten des Glaubens!

Ist man auf einem Abstellgeleis, wenn man wie Paulus in Tarsus von der grossen Bühne verschwindet? Nein! Nicht nur bei ihm haben die stilleren Zeiten im Leben den Sinn, dass wir vorbereitet und zugerüstet werden. Wir sind nie auf einem Abstellgeleise, wenn wir an dem Platz sind, an den Gott uns hinstellt.

AMEN!

Auf Besuch

Es geschah aber, als Petrus überall im Land umherzog, dass er auch zu den Heiligen kam, die in Lydda wohnten. Dort fand er einen Mann mit Namen Äneas, seit acht Jahren ans Bett gebunden; der war gelähmt. Und Petrus sprach zu ihm: Äneas, Jesus Christus macht dich gesund; steh auf und mach dir selber das Bett. Und sogleich stand er auf. Da sahen ihn alle, die in Lydda und in Scharon wohnten, und bekehrten sich zu dem Herrn. In Joppe war eine Jüngerin mit Namen Tabita, das heißt übersetzt: Reh. Die tat viele gute Werke und gab reichlich Almosen. Es begab sich aber zu der Zeit, dass sie krank wurde und starb. Da wuschen sie sie und legten sie in das Obergemach. Weil aber Lydda nahe bei Joppe ist, sandten die Jünger, als sie hörten, dass Petrus dort war, zwei Männer zu ihm und baten ihn: Säume nicht, zu uns zu kommen! Petrus aber stand auf und ging mit ihnen. Und als er hingekommen war, führten sie ihn hinauf in das Obergemach und es traten alle Witwen zu ihm, weinten und zeigten ihm die Röcke und Kleider, die Tabita gemacht hatte, als sie noch bei ihnen war. Und als Petrus sie alle hinausgetrieben hatte, kniete er nieder, betete und wandte sich zu dem Leichnam und sprach: Tabita, steh auf! Und sie schlug ihre Augen auf; und als sie Petrus sah, setzte sie sich auf. Er aber gab ihr die Hand und ließ sie aufstehen und rief die Heiligen und die Witwen und stellte sie lebendig vor sie. Und das wurde in ganz Joppe bekannt und viele kamen zum Glauben an den Herrn. Und es geschah, dass Petrus lange Zeit in Joppe blieb bei einem Simon, der ein Gerber war. (Apg 9,32-43)

Liebe Schwestern und Brüder, Liebe Gemeinde!

Kennen wir das? Es sind doch oft die spektakulären Ereignisse, die unsere Aufmerksamkeit auf sich ziehen. Hier ist es ein Gelähmter, der aufsteht. Und eine Tote, die ins Leben zurückkehrt. Sofort gilt unsere Aufmerksamkeit dem Wundersamen, das hier geschildert wird. Und wir fragen uns, ob und wie solches überhaupt passieren konnte. Doch es sind die kleinen Dinge, die wir dabei allzu leicht übersehen.

Es geht um zwei Menschen an zwei Orten, auf die hier kurz ein Licht fällt. Wenn sie nicht Lukas in seiner Apostelgeschichte mit Namen erwähnen würde, wären sie nie ins Rampenlicht der Welt getreten. Der Gelähmte heisst Aeneas – und lebt im Bezirkshauptort Lydda. Die zum Leben Erweckte heisst Tabitha – und lebt in der Hafenstadt Joppe (heute Jaffa – ein Vorort von Tel Aviv). Beide sind schlicht Menschen, wie es sie an vielen Orten damals und heute gibt. Aeneas ist ein Notleidender, der sich seit acht Jahren (umgerechnet fast 3000 Tage!) gezeichnet von einer schweren Lähmung durchs Leben kämpft – heute wäre er wohl im Rollstuhl. Tabitha ist dafür bekannt, dass sie sich mit schlichten Taten um Notleidende kümmert, vor allem um die damals sozial benachteiligten Witwen. Menschen, die Not leiden – und Menschen, die Not lindern. Dafür stehen Aeneas und Tabitha.

Ganz unspektakulär ist auch das, was Petrus zunächst tut. Er geht einfach auf Besuch. Das kennen wir – die einen mehr, die anderen weniger. Man besucht Freunde, Verwandte, Bekannte. Petrus besucht die verstreuten Gruppen von Christinnen und Christen, die in der Küstenebene Scharon am Mittelmeer leben. Während er in Lydda ist, wird er nach Joppe geholt – und während er in Joppe ist, wird er nach Cäsarea geholt. Wenn man einen Blick auf die Karte wirft, dann ergibt das eine logische Reiseroute für seine Besuche.

Besuche sind ein Markenzeichen des Christseins! So möchte ich das auf den Punkt bringen. Kennen wir das? Ist das auch in unserem Leben und im Leben der christlichen Gemeinden hier ein ganz normaler Ausdruck unseres Glaubens? Hier wird uns das vor Augen gestellt. Man besucht sich gegenseitig in den Wohnungen und Häusern. Man nimmt Anteil am Ergehen des Anderen. Man teilt die Freuden und Nöte. Man sitzt zusammen am Tisch, isst und trinkt. Man ist verbunden untereinander und miteinander - auch über die engen Grenzen von Dörfern und Städten hinaus. Kennen wir das?

Petrus besucht! Und Tabitha besucht! Ihr Engagement für diese Witwen setzt ja voraus, dass sie sowohl Besuche empfangen als auch Besuche gemacht hat. Sie wusste, wie es diesen Menschen geht und was sie wirklich brauchen. Sie kannte ihre Freuden und Sorgen. Und sie hat ihnen ganz praktisch geholfen. Sie hat das, was sie gut kann und wohl auch gerne macht, mit ihrem Engagement für ihre Mitmenschen verknüpft. Sie näht Kleider für Witwen. Und ihre Hilfe ist ganz offensichtlich angekommen. Das erfahren wir hier eindrücklich. Menschen wie Tabitha prägen die „Temperatur". Es gibt sie auch heute! Und wenn sie sterben, dann ist es ein gewaltiger Verlust für eine Gemeinschaft.

Bist Du, bin ich jemand wie Tabitha? Jemand, der Not sieht und Not lindert. Jemand, der unkompliziert hilft. Jemand, der die eigene Begabung für konkrete Hilfe einsetzt. Tabitha ist ein Beispiel dafür, wie die frühe Christenheit das umgesetzt und gelebt hat, was Jesus lehrte (Mt 25,40): Was ihr getan habt einem von diesen meinen geringsten Brüdern (Schwestern), das habt ihr mir getan. Was für eine Freude, wenn wir das, was wir gut können und gerne tun, mit einem Engagement verbinden, das Anderen dient und nützt! Kleider nähen wie bei Tabitha ist nur ein mögliches Beispiel. Hier ist unsere Fantasie gefragt: Am besten denken wir über unsere Fähigkeiten und Möglichkeiten nach - und wie wir sie zum Segen für Andere einsetzen. Fantasievoll barmherzig sein! Darum geht es. Wie könnte das bei mir und bei Dir aussehen?

Nun wird erzählt, wie in diesem Unspektakulären Wundersames geschieht. Die Heilung des gelähmten Aeneas und die Erweckung der Tabitha vom Tod zum Leben. Dabei müssen wir beachten und in Rechnung stellen, dass gerade Totenauferweckungen im Rahmen der Bibel extrem rar und aussergewöhnlich sind. Weil die Liste kurz ist, darum sind sie schnell aufgezählt. Wir begegnen je einer Totenauferweckung bei den Propheten Elia und Elisa. Und wir hören von drei solchen Ereignissen im Wirken von Jesus. Und die Apostelgeschichte berichtet von je einer Totenerweckung im Dienst von Petrus und von Paulus. Fertig! (Geläufiger als Totenerweckungen sind dagegen Heilungen – prominent im Wirken Jesu, wie es die Evangelien schildern – und dann auch im Dienst der von ihm bevollmächtigten Apostel.)

Gerade die Auferweckung der Tabitha wird sehr lebendig, anschaulich, detailreich und konkret erzählt. Sie ist ein fernes Echo auf das prophetische Wirken von Elia und Elisa (1. Kö 17,17-24; 2. Kö 4,32-37) und ein nahes Echo der Geschichte aus den Evangelien, wo Jesus die Tochter des Synogogen–vorstehers Jairus zum Leben erweckt (Matthäus 9,18-26; Markus 5,21-43; Lukas 8,40-56). Sowohl das Hinausschicken der Leute als auch die persönliche Anrede mit Befehlswort sind bereits bei Jesus zu finden – und Petrus folgt seinem Herrn und Meister auch hierin ganz konkret. Interessant und aufschlussreich ist weiter, dass sowohl im Dienst von Petrus als auch im Dienst von Paulus (Apg 14,8-10; Apg 20,9-12) die Heilung von Gelähmten als auch je eine Totenauferweckung berichtet wird.

Wie können wir das einordnen? Die frühe Christenheit hat dies, wo es geschah, schlicht und ergreifend als Lebenszeichen des auferstandenen Jesus gedeutet. Der gekreuzigte und auferstandene Messias ist es, der weiter wirkt – jetzt eben durch seine Apostel. Genau auf dieser Linie liegt auch die Heilung hier. Petrus bringt es auf den Punkt, als er den gelähmten Aeneas mit Namen anspricht und sagt: Äneas, Jesus Christus macht dich gesund; steh auf und mach dir selber das Bett. Wir werden sofort erinnert an die Heilung des Gelähmten am Tempeltor – auch diese Heilung geschieht nicht im eigenen Namen von Petrus, sondern „im Namen Jesu Christi von Nazareth“ (Apg 3,6).

Wenn eine Heilung geschieht, dann rückt sofort der Heilende ins Zentrum der Aufmerksamkeit. Der Heilende ist aber eben gerade nicht Petrus – er ist ein begrenzter und fehlbarer Mensch wie wir alle. Nein! Der eigentlich Handelnde und Heilende ist der Gekreuzigte und Auferstandene. Petrus ist sein bevollmächtigter Botschafter (vgl Lk 9,1). Der Dank aber und die Ehre gehören dem lebendigen Gott, der in Jesus selber zu uns Menschen kommt. Das wird hier und in der ganzen Apostelgeschichte deutlich. Es ist, wie wenn die Apostel uns auf Schritt und Tritt sagen: Schaut nicht auf uns! Schaut auf ihn! Dankt ihm! Gebt ihm die Ehre!

Die Heilung von Aeneas und die Erweckung von Tabitha zum Leben schlägt Wellen und führt zu einer starken Glaubensbewegung: Menschen wenden sich dem Evangelium zu (35) und kommen zum Glauben (42). Doch es gibt keine Garantie, dass Wundersames – auch wenn es offensichtlich ist – automatisch zum Glauben führt. Wenn wir einige Kapitel weiterblättern in der Apostel–geschichte, dann lesen wir von der Heilung eines Gelähmten auf der ersten Missionsreise von Paulus und Barnabas in Lystra (Apg 14,8-20). Diese Erzählung endet mit der Steinigung von Paulus! Und als später in Troas der Predigthörer Eutychus zu Tode stürzt und wieder zum Leben erweckt wird, da werden die Glaubenden gestärkt (Apg 20,9-12). Weder in Lystra noch in Troas kommt es in der Folge des Wundersamen zu einer starken Glaubensbewegung. Das sollte uns nachdenklich machen und davor bewahren, dass wir ein Schema errichten, das lautet: Wunder führen zum Glauben. Schon bei Jesus war es nicht so, dass die Heilungen automatisch zum Glauben derjenigen führten, die das miterlebten. Manchmal ist es so – manchmal aber auch nicht.

Der bekannte Berner Münsterpfarrer Walter Lüthi überlegt in einer Predigt, was denn geschähe, wenn solche Wunder in Bern geschehen würden – und sagt: „Man kann eben auch Zeichen und Wunder erleben, und der Glaube bleibt aus (…). So könnte heute hier in Bern eine Tabitha aus dem Tod erweckt werden, einige würden dadurch in ihrem Glauben gestärkt, aber viel zahlreicher wären jene, die eine stattliche Anzahl sehr vernünftiger Erklärungen bereit hätten – und vom Glauben wäre keine Rede. Die Bibel redet jedenfalls sehr ernst von Orten, an denen Zeichen und Wunder geschehen sind, ohne dass dadurch Glaubensfrucht entstand.“ (Lüthi 161)

Zum Schluss schliesst sich der Kreis: Für Besuche braucht es auch Gastgeber. Wieder fällt der Lichtkegel kurz auf einen dieser „kleinen Namen“, ohne die die Christenheit damals und heute undenkbar wäre: Simon – von Beruf Gerber – am Meer wohnend. Er nimmt Petrus auf und bewirtet ihn. Das zeichnete die frühe Christenheit aus und sind Markenzeichen durch die vergangenen 2000 Jahre geblieben: Gastfreundschaft, Besuche hin und her, Not sehen und Not lindern mit Herz und Hand. Wo Menschen in die Nachfolge des Gekreuzigten und Auferstandenen treten, da öffnen sich Herzen und Häuser. Wieder ist es hier ganz praktisch und konkret - diese Gastfreundschaft. Vorgelebt von Simon, dem Gerber. Dankbar angenommen von Petrus, dem Apostel. In der Gastfreundschaft - so sagt es der Schreiber des Hebräerbriefs mit einem Augenzwinkern – kann unsere begrenzte Realität plötzlich durchlässig werden für Gottes Ewigkeit: „Gastfrei zu sein vergesst nicht; denn dadurch haben einige ohne ihr Wissen Engel beherbergt.“ (Hebräer 13,2) Kennen wir das?

AMEN!

Die Mauer stürzt

Es war aber ein Mann in Cäsarea mit Namen Kornelius, ein Hauptmann der Abteilung, die die Italische genannt wurde. Der war fromm und gottesfürchtig mit seinem ganzen Haus und gab dem Volk viele Almosen und betete immer zu Gott. Der hatte eine Erscheinung um die neunte Stunde am Tage und sah deutlich einen Engel Gottes bei sich eintreten; der sprach zu ihm: Kornelius! Er aber sah ihn an, erschrak und fragte: Herr, was ist? Der sprach zu ihm: Deine Gebete und deine Almosen sind vor Gott gekommen und er hat ihrer gedacht. Und nun sende Männer nach Joppe und lass holen Simon mit dem Beinamen Petrus. Der ist zu Gast bei einem Gerber Simon, dessen Haus am Meer liegt. Und als der Engel, der mit ihm redete, hinweggegangen war, rief Kornelius zwei seiner Knechte und einen frommen Soldaten von denen, die ihm dienten, und erzählte ihnen alles und sandte sie nach Joppe. Am nächsten Tag, als diese auf dem Wege waren und in die Nähe der Stadt kamen, stieg Petrus auf das Dach, zu beten um die sechste Stunde. Und als er hungrig wurde, wollte er essen. Während sie ihm aber etwas zubereiteten, geriet er in Verzückung und sah den Himmel aufgetan und etwas wie ein großes leinenes Tuch herabkommen, an vier Zipfeln niedergelassen auf die Erde. Darin waren allerlei vierfüssige und kriechende Tiere der Erde und Vögel des Himmels. Und es geschah eine Stimme zu ihm: Steh auf, Petrus, schlachte und iss! Petrus aber sprach: O nein, Herr; denn ich habe noch nie etwas Verbotenes und Unreines gegessen. Und die Stimme sprach zum zweitenmal zu ihm: Was Gott rein gemacht hat, das nenne du nicht verboten. Und das geschah dreimal; und alsbald wurde das Tuch wieder hinaufgenommen gen Himmel. Als aber Petrus noch ratlos war, was die Erscheinung bedeute, die er gesehen hatte, siehe, da fragten die Männer, von Kornelius gesandt, nach dem Haus Simons und standen an der Tür, riefen und fragten, ob Simon mit dem Beinamen Petrus hier zu Gast wäre. (... bitte bis Vers 48 in der eigenen Bibel weiterlesen) (Apg 10,1-48)

Liebe Schwestern und Brüder, Liebe Gemeinde!

Herod the Great: The King's Final Journey (Herodes der Grosse: des Königs letzte Reise) – so lautet der Titel einer faszinierenden Ausstellung, die gegenwärtig im Israel Museum in Jerusalem gezeigt wird. Wer sich zwei Stunden Zeit nimmt, eine halbstündige Warteschlange nicht scheut, um dann mit dem Audioguide durch die Räume zu schlendern und die Exponate zu betrachten, der ahnt plötzlich, wie stark Herodes der Grosse (73-4 v. Chr), den wir aus der Weihnachtsgeschichte kennen, das Land während seiner 33jährigen Herrschaft prägte. Die sichtbaren Spuren seiner gigantischen Bautätigkeit sind heute noch mit Händen zu greifen. Paläste liess er in Jerusalem, in Jericho, in Herodium und in Massada bauen. Den jüdischen Tempel in Jerusalem liess er von mehreren tausend Arbeitern zum grössten Heiligtum des damaligen Römischen Reiches erweitern – einem eigentlichen Weltwunder mit den Aussenmassen von fast 20 Fussballfeldern. Seine Paläste liess er kunstvoll mit exklusiven Badezimmern ausstatten – eine wunderschöne Badewanne ist beispielsweise in der Ausstellung zu sehen. Kunstvolle Freskos zierten die Wände und aufwändige Mosaiken die Böden. Nachdem er im Jahr 31 v. Christus in einem politischen Drahtseilakt die Seiten wechselte zu Augustus und ihm Loyalität versprach, gelang dem jüdischen König Herodes in der Folge ein kometenhafter Aufstieg. Wie der jüdisch-römische Historiker Josephus schreibt, hatte Kaiser Augustus ausser Agrippa (der Nummer 2 im römischen Reich) keinen, den er höher achtete als Herodes. Für sich und seine Gäste liess Herodes die exklusivsten Köstlichkeiten aus dem ganzen römischen Reich herbringen.

Warum erzähle ich Euch das? Weil Herodes auch die ganze Stadt Cäsarea Maritima – heute auf etwa halbem Weg zwischen Tel Aviv und Haifa gelegen - zu Ehren von Kaiser Augustus bauen liess – einfach eine ganze Stadt mit allem drum und dran in etwa 12 Jahren Bauzeit! Eine Stadt mit einem prächtigen Palast samt Schwimmbad direkt am Meer, mit einem schönen Amphitheater zum Meer hin, mit einem riesigen Hippodrom für Pferderennen vor spektakulärer Meereskulisse, mit einem Tempel zu Ehren des Kaisers, mitsamt einem Hafen, der sich mit demjenigen von Athen messen konnte - auf dem höchsten technischen Stand der damaligen Zeit.

Wenn wir uns nun in eine Zeitmaschine setzen und nun ein halbes Jahrhundert weiterreisen in die Zeit, in der Cornelius als römischer Offizier in Cäsarea lebt, so merken wir schnell, dass diese Stadt mit mehreren zehntausend Einwohnern sehr wichtig ist für den ganzen Osten des römischen Reiches. Von hier aus kontrolliert die Weltmacht Rom den Vorderen Orient. Von hier aus reist man mit dem Schiff nach Rom. Im Hafen von Cäsarea werden Güter aus allen Himmelsrichtungen umgeschlagen. Wer von Jerusalem nach Rom reisen will und das nötige Kleingeld hat, der reist die kurze Strecke von Jerusalem nach Cäsarea auf dem Landweg und besteigt dann dort ein Schiff. Wenn also Lukas in der Apostelgeschichte schildern will, wie das Evangelium von Jerusalem ausgehend schlussendlich die „Welthauptstadt" Rom erreicht, dann ist es logisch, dass dieser Weg über Cäsarea führt.

Wer diese Geschichte von Petrus und Cornelius zum ersten Mal liest, der muss sich zuerst einmal einen Überblick verschaffen. Es ist hilfreich, wenn man sie in verschiedene Szenen einteilt. Da ist zuerst Cornelius, der Besuch von einem Engel erhält und angewiesen wird, Petrus zu holen (1-8). Dann ist knapp 50 km entfernt der Jesusjünger und Apostel Petrus, der eine befremdliche Vision hat, die um das Thema Unreinheit kreist (9-16). Anschliessend reist Petrus als Teil einer zehnköpfigen Gruppe zu Cornelius nach Cäsarea (17-23). Cornelius empfängt ihn, spricht mit ihm und führt ihn herein zu einer Schar von Freunden und Verwandten, die bereits erwartungsvoll versammelt ist, um zu hören, was nun Petrus zu sagen hat (24-33). Petrus verkündigt ihnen – bemerkens–werterweise das erste Mal vor einer Gruppe von Heiden! - das Evangelium von Jesus mit den wichtigsten Stationen seines Wegs bis zu Kreuz und Auferstehung (34-43). Noch bevor er eine Bekehrungsaufforderung oder etwas Ähnliches aussprechen kann, wird die ganze Schar vom heiligen Geist erfüllt und anschliessend als Zeichen der vollen Aufnahme und Gemeinschaft in der Kirche getauft (44-48) – Ausleger reden deshalb zurecht von diesem Ereignis als dem

„Pfingsten der Heiden" (F.F.Bruce) und von „einem Ereignis ersten Ranges im Reich Gottes" (Walter Lüthi 166). Anschliessend muss Petrus in Jerusalem den Aposteln dort Bericht erstatten und sich verantworten für seinen Anteil an dieser Entwicklung, weil er mit seinem Handeln für damalige Juden eine rote Linie überschritten hatte (11,1-18). Doch endet die ganze Erzählung damit, dass Gott gepriesen wird, der in Jesus Christus diesen Sperrzaun, diese Mauer eingerissen hat, die Juden und Heiden trennte.

Man muss sich wirklich zuerst einen Überblick verschaffen, denn Lukas mutet uns hier die längste Einzelerzählung seiner Apostelgeschichte zu. Dadurch gibt er uns einen Wink mit dem Zaunpfahl, mehr noch: einen Wink mit dem Scheunentor! Schaut her! Hier geschieht etwas ganz Wichtiges! Es ist die erste Verkündigung des Evangeliums von Jesus Christus vor einer Gruppe von Heiden. Und es ist die erste Taufe einer Gruppe von Heiden. Hier entsteht etwas Neues, das die Welt noch nicht gesehen hat: die Kirche aus Juden und Heiden.

Petrus und Cornelius stehen hier für diese beiden Welten. Petrus ist Judenchrist – als Mensch verwurzelt in seiner jüdischen Herkunft mit starken Barrieren gegenüber Heiden. Im Judentum der damaligen Zeit spielte die Reinheit eine prominente Rolle – und wer beruflich und privat mit Heiden zu tun hatte, verunreinigte sich. Die höchsten Hürden waren das Betreten eines heidnischen Hauses und das gemeinsame Essen mit Heiden – und genau diese rote Linie wird hier überschritten. Cornelius ist Vertreter der Heidenwelt, hat sich aber bereits geöffnet für den Glauben. Er gehört zu den sogenannten Gottesfürchtigen, von denen es in der damaligen Welt einige gab. Diese vollzogen zwar nicht den ganzen Übertritt zum Judentum, sympathisierten aber mit dem Monotheismus und mit den ethischen Weisungen. In seinem Alltag ist Cornelius Befehlshaber über etwa 100 römische Soldaten, die in Cäsarea stationiert sind.

Damit nun Petrus und Cornelius, diese Vertreter zweier Welten überhaupt zusammenkommen, dafür braucht es auf beiden Seiten ein aufwändiges göttliches Arrangement samt Engel und Vision. Damit es soweit kommt, muss Petrus Schritt für Schritt gehen in unsicheres Terrain, in neues Land. Wir können uns kaum vorstellen, wie gewaltig diese Schritte für einen Juden der damaligen Zeit waren – und sollten allen Respekt dafür aufbringen. Es ist nie einfach, wenn der lebendigen Gott einen Menschen damals und heute in ein Gebiet führt, für das er keine Karte hat … Aber wie gesagt: Gott ist barmherzig und führt Schritt für Schritt. Und es beginnt schon vor unserer Geschichte. Ein kleines Detail verrät das. Petrus logiert als Gast bei einem Gerber, dessen Haus in Joppe am Meer steht. Der Beruf des Gerbers bringt es mit sich, dass man mit Tierkadavern zu hantieren hat – für fromme Juden der damaligen Zeit ein unreines Gewerbe. Petrus hat schon einen ersten Schritt gemacht: er logiert bei diesem Gerber. Als die dreiköpfige Delegation von Cornelius eintrifft, lädt sie Petrus ins Haus und wird ihnen wohl Getränke und Essen angeboten haben. Dann reist er mit diesen Heiden und in Begleitung von sechs Judenchristen zu Cornelius nach Cäsarea. Dort wartet ein ganz grosser Schritt auf ihn: er betritt das Haus eines Heiden – dazu noch das Haus eines Vertreters der verhassten römischen Besatzungsmacht. Dann predigt er dieser versammelten Gruppe von Heiden. Schliesslich tauft er sie sogar und sie bitten ihn, noch einige Tage als Gast zu bleiben – wohlverstanden als jüdischer Gast im Haus eines römischen Offiziers. Was für ein Weg! Was für ein Lernprozess!

Seine Schlüsselerkenntnis in diesem Prozess fasst Petrus am Anfang seiner Predigt so zusammen: Nun erfahre ich in Wahrheit, dass Gott die Person nicht ansieht; sondern in jedem Volk, wer ihn fürchtet und recht tut, der ist ihm angenehm. Er hat das Wort dem Volk Israel gesandt und Frieden verkündigt durch Jesus Christus, welcher ist Herr über alle. (Verse 35-36) Das klingt harmlos, ist es aber überhaupt nicht! Manchmal frage ich mich, ob wir als Christinnen und Christen in der westlichen Welt schon soweit, das von Herzen zu bejahen und auch so zu leben.

In Jesus Christus brechen uns alle Vorurteile über Menschen und Menschen–gruppen weg. In Jesus Christus, durch sein Kreuz und seine Auferstehung bringt der lebendige und barmherzige Gott Menschen aller Altersgruppen, aller Kontinente, aller Hautfarben, aller Zeiten, aller Länder, aller Volksgruppen zusammen – in Jesus Christus! Wir sind eins, indem wir uns diesem Herrn und Meister anvertrauen – indem wir ihn als Herr über alle und alles bekennen. Paulus sagt das prägnant im Brief an die Galater:

Denn ihr seid alle durch den Glauben Gottes Kinder in Christus Jesus. Denn ihr alle, die ihr auf Christus getauft seid, habt Christus angezogen. Hier ist nicht Jude noch Grieche, hier ist nicht Sklave noch Freier, hier ist nicht Mann noch Frau; denn ihr seid allesamt einer in Christus Jesus.

Hier haben wir – so meine ich – als Christinnen und Christen in der westlichen Welt Schritte zu gehen, die denen des Petrus ähnlich sind. Cliches loslassen, Vorurteile beim Kreuz deponieren, Menschen aller Hautfarben und Hintergründe mit offenen Armen und Herzen begegnen und niemandem das Evangelium vorenthalten. Sind wir bereit?

AMEN!

Geben und Nehmen in der Metropole

Die aber zerstreut waren wegen der Verfolgung, die sich wegen Stephanus erhob, gingen bis nach Phönizien und Zypern und Antiochia und verkündigten das Wort niemandem als allein den Juden. Es waren aber einige unter ihnen, Männer aus Zypern und Kyrene, die kamen nach Antiochia und redeten auch zu den Griechen und predigten das Evangelium vom Herrn Jesus. Und die Hand des Herrn war mit ihnen und eine große Zahl wurde gläubig und bekehrte sich zum Herrn. Es kam aber die Kunde davon der Gemeinde von Jerusalem zu Ohren; und sie sandten Barnabas, dass er nach Antiochia ginge. Als dieser dort hingekommen war und die Gnade Gottes sah, wurde er froh und ermahnte sie alle, mit festem Herzen an dem Herrn zu bleiben; denn er war ein bewährter Mann, voll Heiligen Geistes und Glaubens. Und viel Volk wurde für den Herrn gewonnen. Barnabas aber zog aus nach Tarsus, Saulus zu suchen. Und als er ihn fand, brachte er ihn nach Antiochia. Und sie blieben ein ganzes Jahr bei der Gemeinde und lehrten viele. In Antiochia wurden die Jünger zuerst Christen genannt. In diesen Tagen kamen Propheten von Jerusalem nach Antiochia. Und einer von ihnen mit Namen Agabus trat auf und sagte durch den Geist eine große Hungersnot voraus, die über den ganzen Erdkreis kommen sollte; dies geschah unter dem Kaiser Klaudius. Aber unter den Jüngern beschloss ein jeder, nach seinem Vermögen den Brüdern, die in Judäa wohnten, eine Gabe zu senden. Das taten sie auch und schickten sie zu den Ältesten durch Barnabas und Saulus. (Apg 11,19-30)

Liebe Schwestern und Brüder, Liebe Gemeinde!

Tokio-Yokohama, Mexico-Stadt, New York City, Seoul, Mumbai, Sao Paolo, Manila, Peking, Jakarta, Delhi, Shanghai, Kairo, Kolkata, Los Angeles, Moskau – das sollen im Jahr 2010 laut einer UNO-Statistik die 15 grössten Metropolen der Welt gewesen sein, die ersten sieben dieser Liste mit Einwohnerzahlen von jeweils mehr als 20 Millionen Menschen. Doch je nach Definition und Liste tauchen noch weitere Städte auf. Die Frankfurter Allgemeine Zeitung berichtete bereits 2006 über die chinesische Stadt Chongqing mit mehr als 31 Mio Einwohnern – und bezeichnete sie als grösste Stadt der Welt. Die drittgrösste Stadt der Welt ist – je nach Liste – Mexico-Stadt, Sao Paolo oder Jakarta.

Warum rede ich davon? Weil wir heute von Antiochia am Fluss Orontes hören - rund 450 km nördlich von Jerusalem gelegen. Diese Stadt war in der Antike eine Metropole – wohl die drittgrösste Stadt der Welt, sicher aber nach Rom und Alexandria die drittgrösste Stadt des römischen Reiches. Wir können mit gutem Recht davon ausgehen, dass dort rund einer halben Million Einwohner lebten. Für die Menschen der Antike war das eine gigantische Stadt – und manches in dieser antiken Stadt erinnert an heutige Metropolen.

Antiochia (heute Antakya) war damals eine „Weltstadt“, eine Drehscheibe, ein Wirtschaftszentrum, ein Handelsumschlagplatz zwischen Ost und West. Sie lag im Schnittpunkt mehrerer Handelsrouten und war Schmelztiegel von Kulturen und Religionen. Antiochia - eine grosse, lebendige, bevölkerte, kosmopolitische Stadt. Und laut dem antiken Satiriker Juvenal eine verrufene Stadt, die sogar die Sitten in Rom verdorben haben soll.

In dieser Stadt Antiochia geschieht nun etwas vom Wichtigsten in der 2000jährigen Geschichte des Christentums überhaupt. Die Apostelgeschichte berichtet davon in dieser Schilderung, die wir gehört haben. Zunächst war ja nach Ostern und Pfingsten die christliche Gemeinde auf Jerusalem konzentriert. Erst mit der Verfolgung im Anschluss an den Märtyrertod von Stephanus sprang der Funke auf die umliegenden Gebiete. Man kann sich das so vorstellen, wie wenn man in einem trockenen Waldstück in ein loderndes Feuer hineinschlägt und mit langen Schürhaken die brennenden Hölzer auseinander stösst. Was passiert? Man hat in Kürze einen Waldbrand! Genau das geschah im Anschluss an den Tod von Stephanus, als die Verfolgung über die christliche Gemeinde in Jerusalem hereinbrach und sich viele Christinnen und Christen als Flüchtlinge auf die umliegenden Gebiete zerstreuten. Diese Frauen und Männer liessen es sich nicht nehmen, das Evangelium von Jesus, dem Gekreuzigten und

Auferstandenen, dem Messias auch an ihren neuen Orten frei und offen zu bezeugen. Allerdings mit einer gewichtigen Einschränkung: sie wandten sich als Juden mit dem Evangelium an Juden.

So strahlte das Evangelium aus und zog unter den Juden immer weitere Kreise. Aber die Schranke zu Menschen aus allen Völkern blieb vorerst bestehen. Doch schon bald erfahren wir in der Apostelgeschichte davon, wie der lebendige Gott stark einwirkte, dass diese trennende Mauer an verschiedenen Stellen brüchig wurde und einstürzte. Unter den Samaritanern (Apg 8,4-25) kam es durch Philippus zu einem Aufbruch. Dann folgte diese wundersame Begegnung von Philippus mit dem äthiopischen Finanzminister (Apg 8,26-40), der zum Glauben kam und sich taufen liess. Ebenso wundersam wurde Petrus ins Haus der römischen Offiziers Cornelius bestellt, um dort allen Versammelten das Evangelium zu verkündigen – und auch sie liessen sich taufen (Apg 10). Doch jetzt geschieht in Antiochia, dieser drittgrössten Weltstadt der damaligen Zeit der entscheidende Schritt:

Die aber zerstreut waren wegen der Verfolgung, die sich wegen Stephanus erhob, gingen bis nach Phönizien und Zypern und Antiochia und verkündigten das Wort niemandem als allein den Juden. Es waren aber einige unter ihnen, Männer aus Zypern und Kyrene, die kamen nach Antiochia und redeten auch zu den Griechen und predigten das Evangelium vom Herrn Jesus. Und die Hand des Herrn war mit ihnen und eine große Zahl wurde gläubig und bekehrte sich zum Herrn.

Was ist dieser Schritt? Es ist der entscheidende Durchbruch in dieser trennenden Mauer! Das Evangelium vom gekreuzigten und auferstandenen Jesus wird jetzt auch Menschen ausserhalb des Judentums weitergegeben. Dadurch wird deutlich, dass diese frohe Botschaft von lebendigen Gott, der in Jesus zu uns Menschen kommt, am Kreuz stirbt und an dritten Tag von den Toten aufersteht – dass dieses Evangelium jedem Menschen gilt und allen Menschen insgesamt. Und durch diese Verkündigung der Zerstreuten – wir wissen übrigens nicht einmal ihre Namen! – entsteht nun in dieser pulsierenden, faszinierenden und verrufenen Weltstadt Antiochia die erste gemischte christliche Gemeinde aus Juden und Heiden. Wir können uns diese Spannung gar nicht genug gross vorstellen. So etwas hatte die Welt noch nicht gesehen – und sie hätte es auch nicht für möglich gehalten. So gross waren die Gegensätze, so tief der Graben, so elementar das Trennende! Doch durch das Evangelium kommen hier Frauen und Männer zusammen in der Kirche, die sonst nie zusammenkämen!

Dieses Markenzeichen wird bleiben. Sehr oft geschieht das Entscheidende in der Kirche durch Frauen und Männer wie du und ich, die nie einen Eintrag in die Geschichtsbücher bekommen – aber beim lebendigen Gott sind ihre Namen notiert. Alle diese Menschen, die mit schlichten Worten ihren Glauben bekannt haben. Alle diese Menschen, die andere gesegnet und für sie gebetet haben, als sie verflucht wurden. Alle diese Frauen und Männer, Kinder, Jugendliche und Seniorinnen, die Hungrige genährt, Durstige getränkt, Fremde aufgenommen, Nackte gekleidet, Kranke und Gefangene besucht haben. Alles ganz schlicht und vieles im Verborgenen. Bei Gott ist das notiert.

Nun ist es wichtig, dass diese junge Gemeinde aus Juden und Heiden in Antiochia gehegt und gepflegt und genährt und aufgebaut wird. Als die Christinnen und Christen in Jerusalem hören, was da 450 km nördlich in Antiochia geschieht, da geht ihnen das ans Herz. Sie sagen nicht: „Das geht uns nichts an!“. Und sie sagen auch nicht: „Die sollen selber schauen!“ Sondern sie suchen die Verbindung mit dieser jungen Gemeinde in der Weltstadt. Sie wollen mithelfen. Sie wollen beitragen. Und sie schicken dazu die Person, die wohl am besten dafür geeignet ist: Barnabas! Sein Name ist zugleich seine Berufung und sein Lebensprogramm: Barnabas bedeutet „Sohn der Ermutigung“. So einen Menschen schicken die Jerusalemer nach Antiochia! Einen Ermutiger! Sie hätten ja auch einen Inspektor, einen Ermittler oder einen Kritiker schicken können. Nein – sie schicken einen Ermutiger. Es ist so: Menschen, die am Anfang des Glaubens stehen und die ersten Schritte gehen, brauchen viel Ermutigung. So ein Ermutiger ist Barnabas.

Wir begegnen ihm hier zum dritten Mal in der Apostelgeschichte. Zuerst fällt er auf, als er seinen Besitz freigiebig der Jerusalemer Gemeinde zugunsten der Armen zur Verfügung stellt (Apg 4,36-37). Dann begegnen wir ihm als dem, der den früheren Verfolger Paulus mit den Aposteln in Jerusalem zusammenbringt und so eine wichtige Brücke schlägt (Apg 9,26ff). Und jetzt reist er also als Ermutiger im Auftrag der Jerusalemer Gemeinde nach Antiochia. Was sieht er dort bei seiner Ankunft? Sieht er die mangelnde Organisation? Sieht er die fehlenden Gebäude? Sie er das bescheidene Programm? Sieht er die unvollkommene Gemeinschaft?

Es kam aber die Kunde davon der Gemeinde von Jerusalem zu Ohren; und sie sandten Barnabas, dass er nach Antiochia ginge. Als dieser dort hingekommen war und die Gnade Gottes sah, wurde er froh und ermahnte sie alle, mit festem Herzen an dem Herrn zu bleiben; denn er war ein bewährter Mann, voll Heiligen Geistes und Glaubens. Und viel Volk wurde für den Herrn gewonnen. Barnabas aber zog aus nach Tarsus, Saulus zu suchen. Und als er ihn fand, brachte er ihn nach Antiochia. Und sie blieben ein ganzes Jahr bei der Gemeinde und lehrten viele. In Antiochia wurden die Jünger zuerst Christen genannt.

Barnabas kommt und er sieht die Gnade Gottes. Was für ein Satz! Wenn Männer und Frauen das Evangelium von Jesus entdecken und sich seiner befreienden Herrschaft anvertrauen, dann ist das Gnade. Wenn Menschen zusammenkommen durch diese Botschaft von Kreuz und Auferstehung, die sonst nichts miteinander zu tun haben und jetzt gemeinsam unterwegs sind in der Nachfolge – in aller Unvollkommenheit! – dann ist das Gnade. Wenn eine Kirche entsteht, die die Gräben zwischen den Menschen überwindet, dann ist das Gnade. Genau das ist in Antiochia geschehen – und genau das sieht Barnabas.

Und jetzt merkt er sehr schnell: Da braucht es Verstärkung. Er selber kann das nicht alles geben, was es jetzt hier für diese junge Gemeinde braucht. Und so wird ihm schnell klar: Paulus muss hier einsteigen und mitarbeiten. Ich brauche

Paulus an meiner Seite. Er hat das Charisma, um dieser Bewegung Orientierung und Tiefgang zu geben. Und so holt er mit Paulus diese Verstärkung, die es jetzt braucht. Was für eine Demut! Nicht alle Männer können das: Zugeben, dass die eigenen Ressourcen, Kräfte, Gaben nicht ausreichen für eine bestimmte Aufgabe – und dann erst noch die Person ins Boot holen, die perfekt zur Aufgabe passt. Barnabas holt mit Paulus den nach Antiochia, der ihn schon bald übertreffen wird. Wir brauchen auch heute in der Kirche genau diese Menschen wie Barnabas: Menschen, die ermutigen und aufbauen können. Menschen, die den klaren Blick für das haben, was es jetzt braucht. Menschen, die die Berufung anderer erkennen und sie in diese Berufung in Kirche und Welt hineinführen können. Bist Du ein Barnabas? Dann lebe diese Berufung! Sei ein Mensch, der ermutigt und aufbaut!

Man könnte noch viel zu diesem Bibelwort sagen und wie es dazu kommt, dass hier Aussenstehende die Menschen dieser Bewegung Christen – wörtlich Christianer – nennen. Ich möchte aber schliessen mit einem einzelnen Aspekt, den ich hier sehe: Geben und Nehmen. Die Bewegung des Glaubens an Jesus, den Gekreuzigten und Auferstandenen, ist eine Bewegung des Teilens, eine Bewegung des Gebens und Nehmens. Die zerstreuten, namenlosen Christinnen und Christen aus Jerusalem, die es in die Weltstadt Antiochia verschlägt, die teilen. Sie geben – und das heisst zunächst: sie geben schlicht und einfach den Schatz des Evangeliums weiter. Diese Flüchtlinge haben wenig dabei, aber das Wenige, was sie haben, das teilen sie. Ihre Botschaft ist kurz und knapp. In einer Weltstadt, wo es viele religiöse und andere Meister und Herren gibt, sagen sie provokativ: Jesus ist Kyrios – Jesus ist Herr. Das teilen sie mit – das teilen sie. Und Jerusalem gibt weiter, indem sie mit Barnabas den wohl besten Ermutiger schicken. Sie geben ihn für einige Zeit nach Antiochia und verzichten so auf ihn zugunsten dieser jungen Gemeinde. Und das Geben geht weiter: Paulus kommt an die Seite von Barnabas und die beiden investieren ein Jahr in diese Menschen. Sie geben der Gemeinde eine solide Grundlage – und dafür ist ein intensives Jahr notwendig! (Manchmal frage ich mich, ob uns als Einzelne und als ganze Kirchen nicht ein solches Intensivjahr fehlt?) Dann kommt eine

Gruppe von Propheten aus Jerusalem, um der Gemeinde in Antiochia zu dienen. Einer von ihnen, Agabus, hat diese konkrete Prophetie im Blick auf eine bevorstehende Hungersnot – diese ist bekannt, mehrere römische Historiker aus dem ersten Jahrhundert bezeugen sie. Und jetzt geht es dieser Gemeinde in Antiochia ans Herz. Und zwar nicht in dem Sinn, dass nun jeder Einzelne möglichst viel hamstert und die Vorratskammern auffüllt, sondern dass sie mit der Muttergemeinde in Jerusalem teilen, wo die Brüder und Schwestern noch ärmer dran sind. Was für ein Zeichen der Gemeinschaft und Verbundenheit! 450 km weg und trotzdem ein lebendiges Hin und Her, ein Geben und Nehmen. Wo das Evangelium von Jesus wirklich Einzug hält, da erkennt man das an diesem Geben und Nehmen. Möge das auch in unseren Kirchen so sein.

AMEN!

Jakobus so – Petrus anders

Um diese Zeit legte der König Herodes Hand an einige von der Gemeinde, sie zu misshandeln. Er tötete aber Jakobus, den Bruder des Johannes, mit dem Schwert. Und als er sah, dass es den Juden gefiel, fuhr er fort und nahm auch Petrus gefangen. Es waren aber eben die Tage der Ungesäuerten Brote. Als er ihn nun ergriffen hatte, warf er ihn ins Gefängnis und überantwortete ihn vier Wachen von je vier Soldaten, ihn zu bewachen. Denn er gedachte, ihn nach dem Fest vor das Volk zu stellen. So wurde nun Petrus im Gefängnis festgehalten; aber die Gemeinde betete ohne Aufhören für ihn zu Gott. Und in jener Nacht, als ihn Herodes vorführen lassen wollte, schlief Petrus zwischen zwei Soldaten, mit zwei Ketten gefesselt, und die Wachen vor der Tür bewachten das Gefängnis. Und siehe, der Engel des Herrn kam herein und Licht leuchtete auf in dem Raum; und er stieß Petrus in die Seite und weckte ihn und sprach: Steh schnell auf! Und die Ketten fielen ihm von seinen Händen. Und der Engel sprach zu ihm: Gürte dich und zieh deine Schuhe an! Und er tat es. Und er sprach zu ihm: Wirf deinen Mantel um und folge mir! Und er ging hinaus und folgte ihm und wusste nicht, dass ihm das wahrhaftig geschehe durch den Engel, sondern meinte, eine Erscheinung zu sehen. Sie gingen aber durch die erste und zweite Wache und kamen zu dem eisernen Tor, das zur Stadt führt; das tat sich ihnen von selber auf. Und sie traten hinaus und gingen eine Straße weit, und alsbald verließ ihn der Engel. Und als Petrus zu sich gekommen war, sprach er: Nun weiß ich wahrhaftig, dass der Herr seinen Engel gesandt und mich aus der Hand des Herodes errettet hat und von allem, was das jüdische Volk erwartete. Und als er sich besonnen hatte, ging er zum Haus Marias, der Mutter des Johannes mit dem Beinamen Markus, wo viele beieinander waren und beteten. Als er aber an das Hoftor klopfte, kam eine Magd mit Namen Rhode, um zu hören, wer da wäre. Und als sie die Stimme des Petrus erkannte, tat sie vor Freude das Tor nicht auf, lief hinein und verkündete, Petrus stünde vor dem Tor. Sie aber sprachen zu ihr: Du bist von Sinnen. Doch sie bestand darauf, es wäre so. Da sprachen sie: Es ist sein Engel. Petrus aber klopfte weiter an. Als sie nun aufmachten, sahen sie ihn und entsetzten sich. Er aber winkte ihnen mit der

Hand, dass sie schweigen sollten, und erzählte ihnen, wie ihn der Herr aus dem Gefängnis geführt hatte, und sprach: Verkündet dies dem Jakobus und den Brüdern. Dann ging er hinaus und zog an einen andern Ort. Als es aber Tag wurde, entstand eine nicht geringe Verwirrung unter den Soldaten, was wohl mit Petrus geschehen sei. Als aber Herodes ihn holen lassen wollte und ihn nicht fand, verhörte er die Wachen und ließ sie abführen. Dann zog er von Judäa hinab nach Cäsarea und blieb dort eine Zeit lang. Er war aber zornig auf die Einwohner von Tyrus und Sidon. Sie aber kamen einmütig zu ihm und überredeten Blastus, den Kämmerer des Königs, und baten um Frieden, weil ihr Land seine Nahrung aus dem Land des Königs bekam. Und an einem festgesetzten Tag legte Herodes das königliche Gewand an, setzte sich auf den Thron und hielt eine Rede an sie. Das Volk aber rief ihm zu: Das ist Gottes Stimme und nicht die eines Menschen! Alsbald schlug ihn der Engel des Herrn, weil er Gott nicht die Ehre gab. Und von Würmern zerfressen, gab er den Geist auf. Und das Wort Gottes wuchs und breitete sich aus. Barnabas und Saulus aber kehrten zurück, nachdem sie in Jerusalem die Gabe überbracht hatten, und nahmen mit sich Johannes, der den Beinamen Markus hat. (Apg 12,1-25 Luther)

Liebe Schwestern und Brüder, Liebe Gemeinde!

Zwei Tote, ein Schwerverletzter – so oder ähnlich hören und lesen wir es oft in Unfallmeldungen aller Art. Zwei Tote, ein Geretteter, der flieht – so könnte man die Wege der Hauptpersonen dieses Kapitels zusammenfassen. Die drei Hauptpersonen sind Herodes, Jakobus und Petrus.

Herodes? Da denken wir zuerst natürlich an Herodes den Grossen, den wir aus der Weihnachtsgeschichte kennen. Dieser Herodes hier ist aber sein Enkel: mit vollem Namen Herodes Agrippa I (10 v. Chr – 44 n. Chr). In Rom aufgewachsen und von den beiden römischen Kaisern Caligula und Claudius begünstigt, erhielt er den Königstitel und ein Herrschaftsgebiet, das grob gesagt in etwa demjenigen seines Grossvaters Herodes dem Grossen entsprach. Als er seine Herrschaft antrat, ging er im Jahr 41 n. Chr. direkt nach Jerusalem und profilierte sich als einer, der jüdische Bräuche einhielt. Dadurch weckte er Hoffnungen auf eine nationale Erneuerung Israels und versuchte zunehmend Bündnisse mit regionalen Fürsten und Königen zu schmieden, was Rom misstrauisch beobachtete. Innerjüdisch ging er gegen die christliche Gemeinde vor, die sich ja gerade in dieser Zeit gegenüber Menschen aus allen Völkern zu öffnen begann.

Herodes Agrippa I starb im Jahr 44 n. Chr. Sein Tod wird vom jüdisch-römischen Historiker Josephus und von Lukas in der Apostelgeschichte geschildert – jeweils mit unterschiedlichem Fokus, aber nach Meinung führender Experten kompatibel. In beiden Berichten ist festgehalten, dass Herodes Agrippa im Rahmen einer Versammlung auftrat und von Menschen wie ein Gott verehrt wurde – was für orientalische Herrscher damals durchaus üblich war, für einen König der Juden aber in scharfem Kontrast mit dem jüdischen Glauben stand. Josephus beschreibt detailliert das prächtig glitzernde Gewand mit Silber, das Herodes Agrippa bei seinem Auftritt in Cäsarea getragen hat und schildert, dass er nach seinem plötzlichen Zusammenbruch noch fünf Tage unter schweren Schmerzen litt, bevor er starb.

Die christliche Gemeinde in Jerusalem wird von Herodes Agrippa I. bedrängt und verfolgt. Wie so oft richtet sich die Verfolgung gegen die führenden Köpfe einer Bewegung, in diesem Fall zuerst gegen den Jesusjünger und Apostel Jakobus. Er ist einer der zwölf Kronzeugen für die Jesusüberlieferung, war von Anfang an dabei und mit Johannes, seinem Bruder, und mit Petrus Teil des engsten Kerns der Jünger von Jesus. Wie die anderen beiden war auch er ursprünglich ein Fischer, der von den Netzen weg in die Nachfolge Jesu berufen worden war. Sein Vater Zebedäus betrieb ein Fischereigeschäft am See Genezareth. Seine Mutter treffen wir im Evangelium, als sie für ihre beiden Söhne von Jesus Ehrenplätze im Gottesreich erbittet. Jakobus war dabei bei vielen Heilungen. Dabei war er bei der Bergpredigt. Dabei war er, als Jesus Gleichnisse erzählte und sein Leiden ankündigte. Dabei war er beim Einzug in Jerusalem, als Jesus litt und am Kreuz starb. Dabei war er als Zeuge der

Auferstehung. Dabei war auch, als die Jüngerschar auf die Ausgiessung des Heiligen Geistes an Pfingsten wartete (Apg 1,13). Sonst erfahren wir in der Apostelgeschichte nur noch durch diese kurze und knappe Notiz, dass er in der Verfolgung unter Herodes Agrippa I durch das Schwert hingerichtet wurde. Er ist zwar nicht der erste Märtyrer der Jesusbewegung – das war Stephanus (vgl Apg 6-8) – aber er ist der erste Märtyrer unter den 12 Aposteln. Wir werden mit diesem kurzen Satz hier daran erinnert, dass Jesus-Nachfolge einen Menschen viel kosten kann - alles kosten kann – auch das Leben.

Weil die Hinrichtung von Jakobus Anklang fand und die Beliebtheit von Herodes Agrippa I. unter seinen Untertanen steigerte, darum gerät nun logischerweise auch Petrus ins Visier. Er wird verhaftet und es braucht nicht viel Fantasie, um sich auszumalen, dass ihn nach einem Schauprozess das gleiche Schicksal wie Jakobus erwartet. Doch es kommt anders! Und die Erzählung von seiner Befreiung aus dem Gefängnis, seinem Bericht vor der Hausgemeinde und seinem Weggang aus Jerusalem enthält eine ganze Reihe von Elementen, über die man schmunzeln kann - oder sogar schmunzeln muss.

Zunächst erfahren wir, wie massiv das Aufgebot war, das Petrus bewachen musste. Man fragt sich unweigerlich: warum so viele? Vielleicht hatte Herodes Agrippa I. gerüchteweise gehört, dass Petrus bereits früher einmal unter mysteriösen Umständen aus dem Gefängnis entkommen war (Apg 5,17ff). Aber trotzdem: 16 Wachleute, die einen Gefangenen bewachen! Zwei, die an ihn gekettet sind – und zwei Türwachen. Und dann die regelmässige Ablösung, damit keiner einschläft. Und doch schildert diese Erzählung, dass all das nichts nützt, wenn der lebendige Gott seinen Sondergesandten (den Engel des Herrn) aufbietet. Weiter erfahren wir, dass Petrus seelenruhig schläft in der Nacht vor seinem Prozess und seiner Hinrichtung. Wie ginge es mir in dieser Situation? Das können wir uns nicht so recht vorstellen, dass man da noch ruhig schlafen kann. Dann erfahren wir, dass Petrus denkt, er habe eine Vision – und erst ausserhalb des Gefängnisses merkt er, dass das ganz real ist, was er erlebt. Er hält die Realität für eine Vision – und nicht etwa umgekehrt!

Dann kommt diese Szene voller Situationskomik vor dem Tor des stattlichen Wohnhauses mit Innenhof, wo sich die christliche Hausgemeinde betend versammelt hat. Petrus klopft und ruft. Die Hausangestellte Rhoda hört seine Stimme, öffnet aber nicht und informiert die betende Gemeinde. Jetzt kommt es! Die Betenden glauben Rhoda nicht, was sie da erzählt. Das heisst einerseits: trotz innigem Gebet haben sie sich einen gesunden Realitätssinn bewahrt. Das macht uns aber andererseits auch unsicher, was sie denn da genau gebetet haben und ob sie wirklich ernsthaft mit der Erhörung ihrer Gebete gerechnet haben. Mir gefällt diese Episode ausserordentlich, weil sie zeigt, dass auch hoffnungsvoll Betende von Gottes Handeln überrascht werden können und dass es da und dort geschieht, dass die Erhörung eines Gebets die geäusserte Fürbitte weit übertreffen kann. Natürlich habe ich mich gefragt, was sie denn da genau gebetet haben. War ihre Bitte darauf gerichtet, dass Petrus in dieser Stunde des Prozesses und der Hinrichtung treu seinen Herrn und Meister bezeugt? Haben sie einfach um Standfestigkeit und Stärke gebetet? Oder haben sie vielleicht sogar kühn für seine Befreiung gebetet, ohne wirklich daran zu glauben und damit zu rechnen? Wir wissen es nicht! Aber auf jeden Fall sind sie überrascht, wie die Sache herauskommt.

Etwas sticht beim Hören und Lesen dieses Bibelworts. Jakobus wird mit einer kurzen Notiz über seine Hinrichtung bedacht. Petrus wird mit einem Sonderaufgebot befreit und das wird breit und ausführlich berichtet. Der eine stirbt – der andere nicht. Warum? Das Leben von Jakobus endet in einer unerklärten Tragödie – das Leben von Petrus geht weiter dank einer unerwarteten Wendung zum Besseren (Dunn 411). Warum?

Diese Frage kennen wir und sie plagt uns. Warum geht es dem einen Menschen so und dem anderen ganz anders? Warum wohnen zwei Frauen in der gleichen Strasse – die eine stirbt im Alter von 50 Jahren plötzlich und unerwartet und die andere Frau stirbt friedlich nach einem erfüllten Leben mit 95 Jahren? Warum verlässt der eine Mann nach Kurzem das Spital, ist wieder gesund und munter – und der andere muss Monate bleiben und es geht nicht voran oder es wird sogar noch schlimmer. Warum haben bei ähnlicher Ausgangsbasis die einen Erfolg und die anderen nicht? Warum wird der eine gewählt und der andere nicht? Wir können diese Liste ins Endlose verlängern und am Schluss bleibt immer diese bohrende Frage: Warum?

Gerne hätten wir eine Antwort auf diese Frage. Doch hier in der Apostelgeschichte bleibt ein Geheimnis über den ganz unterschiedlichen Wegen von Jakobus und Petrus. Beide ursprünglich Fischer. Beide aus dem gleichen Gebiet. Beide von Jesus in die Nachfolge gerufen. Beide Jesusjünger und Apostel. Beide Glieder der ersten christlichen Gemeinde in Jerusalem. Doch der eine wird hingerichtet – und der andere befreit. Es wird einfach nur geschildert. Wir suchen vergeblich nach einer Erklärung. Das Rätsel bleibt ungelöst und wir können uns nur vertrauend in die Arme des lebendigen Gottes werfen, auch wenn wir keine Erklärung haben – für uns selbst nicht und für andere nicht.

Und das Wort Gottes wuchs und breitete sich aus. (Vers 24)
Das ist das überraschende Fazit nach dem Tod von Jakobus und der Flucht von Petrus und dem Tod von Herodes Agrippa I. Wir sind verblüfft, denn wenn jetzt zwei führende Persönlichkeiten in der christlichen Gemeinde in Jerusalem fehlen, dann würden wir doch viel eher von Schrumpfung als von Wachstum reden. Kronzeuge Jakobus fällt ganz aus. Und Petrus, der in den ersten zwölf Kapiteln der Apostelgeschichte als führender Kopf der Jesusbewegung in Erscheinung tritt, muss aus Jerusalem weggehen, weil sein Leben bedroht ist. Und trotzdem: das Evangelium nimmt seinen Lauf. Die Botschaft vom Gekreuzigten und Auferstandenen zieht Kreise wie ein Stein, der ins Wasser fällt. Das Wort Gottes trägt in sich eine Kraft, die kein Mensch aufhalten kann. Der lebendige Gott wird unser Leben, seine Kirche und die Geschichte dieser Welt zum Ziel bringen, auch wenn der Weg durch Irrungen und Wirrungen, durch Schmerz und Leiden, durch Bedrängnis und Verfolgung geht. Darauf vertraue ich.

AMEN!

Faszinierender Einblick

Es waren aber in Antiochia in der Gemeinde Propheten und Lehrer, nämlich Barnabas und Simeon, genannt Niger, und Luzius von Kyrene und Manaën, der mit dem Landesfürsten Herodes erzogen worden war, und Saulus. Als sie aber dem Herrn dienten und fasteten, sprach der Heilige Geist: Sondert mir aus Barnabas und Saulus zu dem Werk, zu dem ich sie berufen habe. Da fasteten sie und beteten und legten die Hände auf sie und ließen sie ziehen.
(Apg 13,1-3 Luther)

Liebe Schwestern und Brüder, Liebe Gemeinde!

Die britischen Kronjuwelen gelten als wertvollste Sammlung von Diamanten und Juwelen. Sie werden im Tower von London aufbewahrt und umfassen rund 24‘000 Edelsteine. Die Ausstellung ist tagsüber geöffnet und man bekommt – zu einem saftigen Eintrittspreis – Zutritt zur Ausstellung. Der ausgestellte Teil ist jedoch nur ein kleiner Teil des gesamten Schatzes. Zu den Kronjuwelen gehören verschiedene Kronen, Zepter, Reichsäpfel, Schwerter und Ringe. Auch verschiedene Kleidungsstücke wie beispielsweise die königliche Robe werden dazu gezählt. Nur zu besonderen Anlässen wie beispielsweise der Krönungszeremonie oder zur alljährlichen Parlamentseröffnung werden sie getragen. Was die Kronjuwelen mit unserem Bibelwort zu tun haben – davon später.

Man merkt es kaum. Aber wir stehen hier an einem entscheidenden Wendepunkt der Geschichte Gottes mit dieser Welt. Und wir erhalten einen faszinierenden Einblick in das normale Leben eines aussergewöhnlichen Leitungsteams einer aussergewöhnlichen Kirche in einer aussergewöhnlichen Stadt. Doch der Reihe nach! Beginnen wir mit der Stadt!

Antiochia war die drittgrösste Stadt des römischen Reiches – nach Rom und Alexandria – mit etwa einer halben Million Einwohner. Für damalige

Verhältnisse eine Metropole. Antiochia war die Hauptstadt der römischen Provinz Syrien und das Hauptquartier der syrischen Legion – ein wichtiger Truppenstützpunkt der Römer im Osten des Reiches. Vom Mittelmeer her gelangte man über die Hafenstadt Seleukia nach Antiochia. Wie es zu Metropolen gehört, so war auch Antiochia damals ein Schmelztiegel von Menschen aus ganz verschiedensten Völkern, Kulturen und Religionen.

In dieser Metropole ist eine aussergewöhnliche christliche Kirche entstanden. Ihre Entstehung wird kurz vorher in der Apostelgeschichte (11,19ff) berichtet. Sie geht auf Laienmissionare zurück, die in der Verfolgung nach dem Tod des Stephanus als Märtyrer aus Jerusalem flüchten mussten und das Evangelium in einzelnen Gebieten nördlich von Jerusalem verbreiteten, so auch in der Metropole Antiochia. Dort überschritten sie eine wichtige Grenze und taten etwas wirklich Neues. Das Evangelium wurde dort nämlich nicht nur Menschen mit jüdischen Wurzeln, sondern auch den Nicht-Juden verkündigt. Das klingt im ersten Moment unspektakulär, ist es aber überhaupt nicht. Wir haben heute kaum eine Vorstellung, wie tief und breit der Graben zwischen Juden und Heiden damals war. Nicht einmal der gemeinsame Aufenthalt unter einem Dach oder das Teilen einer Mahlzeit am gleichen Tisch war ohne Probleme für Juden möglich. Und jetzt entstand hier durch die Verkündigung des gekreuzigten und auferstandenen Jesus etwas, das die Welt noch nicht gesehen hatte: die erste gemischte Kirche aus Juden und Heiden. Was für eine wunderschöne Illustration der Kraft Jesu, Gemeinschaft von ganz unterschiedlichen Menschen zu stiften. Und was für eine Herausforderung im gelebten Alltag dieser Kirche mit so vielen verschiedenartigen Menschen. Die Mischung verschiedenster Menschen spiegelte sich auch im Leitungsteam dieser Kirche.

Es waren aber in Antiochia in der Gemeinde Propheten und Lehrer, nämlich Barnabas und Simeon, genannt Niger, und Luzius von Kyrene und Manaën, der mit dem Landesfürsten Herodes erzogen worden war, und Saulus.

Fünf Personen werden hier genannt. Die Leitung der Kirche hatte nicht jemand allein, sondern ein Team. Barnabas kennen wir schon – er ist in der Apostelgeschichte schon mehrmals in Erscheinung getreten. Zuerst, als er eine Immobilie zum Wohl der Armen in der Kirche von Jerusalem veräussert hatte. Dann wieder, als es darum ging, den ehemaligen Christenverfolger Paulus zu integrieren und ihn mit den Aposteln in Jerusalem zusammenzubringen, die berechtigterweise noch Angst vor ihm hatten und seiner Bekehrung nicht so recht trauten. Und dann wieder als Delegierter der Jerusalem Urkirche in Antiochia, um diese gemischte Kirche aus Juden und Heiden in Augenschein zu nehmen und zu unterstützen. Die nächsten drei Personen sind nur aus dieser Bibelstelle bekannt: Simeon Niger, Luzius von Kyrene in Nordafrika und Manaen, Jugendgefährte von Herodes Antipas. Und schliesslich Paulus, der in der zweiten Hälfte der Apostelgeschichte die Hauptrolle spielen wird in der Weitergabe des Evangelium und der Gründung von Gemeinden. Das ist wirklich eine bunt gemischte Schar aus verschiedensten Regionen des östlichen Mittelmeers: einer stammte aus Zypern und hatte längere Zeit in Jerusalem gelebt (Barnabas), einer stammte aus Nordafrika (Luzius), einer stammte aus der Stadt Tarsus (im Süden der heutigen Türkei) und hatte ebenfalls längere Zeit in Jerusalem gelebt (Paulus). Und dann dieser Manaen – einer der am königlichen Hof von Herodes dem Grossen gelebt hatte und mit dessen Sohn Herodes Antipas aufgewachsen war. Pikant daran ist, dass sowohl Herodes der Grosse als auch sein Sohn Herodes Antipas beide im Evangelium in einem unvorteilhaften Licht erscheinen. Sie werden bei der Geburt Jesu, beim Tod von Johannes dem Täufer und beim Prozess Jesu kritisch dargestellt. Und nun gehört einer, der bei ihnen am Hof gelebt hat, zum Leitungsteam der Kirche in Antiochia! Bemerkenswert!

Diese fünf sind alles „neue Leute“ (Walter Lüthi 193). Darunter ist keiner der zwölf ursprünglichen Jesusjünger und Apostel – darunter ist auch keiner der sieben, die gewählt wurden, um das Versorgungsproblem der Witwen zu lösen (Apg 6). Und trotzdem gibt es keine „Freelance-Kirche“ in Antiochia! Die

Verbindung mit der Jerusalemer Urkirche ist gewährleistet - durch Barnabas, den Delegierten von dort.

Alles in allem: ein bemerkenswerter Mix von bemerkenswerten Persönlichkeiten. Wohl waren alle oder fast alle in diesem Leitungsteam Juden, aber sie brachten ganz unterschiedliche Erfahrungen und Hintergründe mit in die Leitung der Kirche ein.

Ich frage: Wie sind denn heute unsere Leitungsgremien in der Kirche zusammengesetzt? Geht es hier nach dem geflügelten Wort: gleich und gleich gesellt sich gerne? Oder sind wir interessiert an Vielfalt und sehen auch Vielfalt in unseren Leitungsgremien? Unsere Welt wird immer vernetzter und multikultureller. In unseren Ländern, Städten und Dörfern mischen sich immer mehr Menschen mit unterschiedlicher Herkunft, Sprache und Kultur. Wie wäre es, wenn die christliche Kirche sich von Antiochia inspirieren liesse, genau hier vorangeht und es in Christus vorlebt, dass wirkliche Integration im Zeichen von Kreuz und Auferstehung möglich ist?

Und noch etwas Aussergewöhnliches können wir in diesem Leitungsteam der Antiochia-Kirche beobachten. Wir erfahren hier, dass sich dieses Leitungsteam aus Propheten und Lehrern zusammensetzte. Das ist sehr spannend, gerade deshalb, weil diese beiden Dienste leider oft gegeneinander ausgespielt werden. Hier sind sie integriert und gehen Hand in Hand – zum Nutzen der Glaubenden und zur Verbreitung des Evangeliums. Wie kann man diese beiden Dienste unterscheiden? „Lehrer geben allgemeine Unterweisung, Propheten spezielle Weisung.“ (Lüthi 193) Die Kirche braucht beides! „Der Prophetie oblag es, den Willen des erhöhten Herrn in der Kraft des Heiligen Geistes für die jeweilige Situation anzusagen, während die Lehre vorwiegend mit der Pflege unter Interpretation der Überlieferung befasst war.“ (Roloff 193) Die Kirche braucht beides! Nun gibt es eine lange Diskussion darüber, wer von diesen fünf Lehrer und wer Prophet war. Doch können die Grenzen nicht so messerscharf gezogen werden, wie wir das vielleicht möchten. Barnabas und Paulus lehrten in der

Kirche von Antiochia (Apg 11,26), doch schon bald kommt eine Geschichte, in der Paulus prophetisch redet (Apg 13,4ff). Beides lässt sich bei Paulus zeigen – er lehrte und er redete (zumindest punktuell) prophetisch.

Matchentscheidend ist nun, dass wir als einzelne Christinnen und Christen – und als christliche Kirche insgesamt - offen sind für beides! Für Lehre und für Prophetie. Es braucht beide Dienste und es braucht eine Balance dieser beiden Komponenten, damit unser Glaube gesund bleibt. Nur mit Lehre erstarrt der Glaube in Formeln und Ritualen. Nur mit Prophetie verliert er die Bodenhaftung. Wir brauchen Loyalität gegenüber unserer jüdisch-christlichen Tradition, die auf einer soliden Auslegung der biblischen Schriften beruht. Und wir brauchen genauso Offenheit für das Wirken des Heiligen Geistes, der in konkreten Situationen konkrete Weisung und Einsicht gibt.

Nun erhalten wir hier einen faszinierenden Einblick in das normale Leben dieser Kirche in Antiochia und ihres Leitungsgremiums. Und das umfasst auch beten und fasten. Ich würde es so konkretisieren: beten als Basis und fasten in entscheidenden Situationen. Ich frage: Gehört das auch bei uns dazu? Gehört das in unserem Leben und in unserer Kirche dazu? Gehört das auch dann dazu, wenn wir leiten? Gerade in der Leitung einer Kirche ist man mit vielen Herausforderungen und Fragen konfrontiert. Führt uns das dazu, dass wir beten? Und führt uns das dazu, dass wir beten und fasten, wenn es um wichtige Dinge und wie hier um wichtige Entscheidungen geht? Ich wäre vorsichtig, aus dieser Bibelstelle eine generelle Forderung an alle Christinnen und Christen zum Fasten abzuleiten. Aber ich meine, dass es gut ist, wenn wir grundsätzlich in einer Haltung des Vor-Gott-Seins im Leben unterwegs sind und wenn wir bei wichtigen Fragen und Entscheidungen innehalten und Zuflucht suchen bei unserem Herrn und Meister. Offenbar hat die junge Christenheit gerade in solchen Situationen gebetet und gefastet – nicht nur als Einzelne, sondern vor allem gemeinsam. Wie wäre es, wenn wir das von ihnen lernen?

Doch – was hat das überhaupt mit den Kronjuwelen zu tun, von denen am Anfang die Rede war? Die britischen Kronjuwelen sind so wertvoll, dass sie – unter grossen Sicherheitsvorkehrungen - nur teilweise und nur an einem bestimmten Ort (Tower von London) und nur zu bestimmten Zeiten (Öffnungszeiten) und nur gegen Entrichtung eines Eintrittspreises zu sehen sind. Manchmal geht die Kirche, gehen wir als Christinnen und Christen mit dem Evangelium von Jesus Christus so um, als handle es sich dabei um Kronjuwelen. Nur zu bestimmten Zeiten am Sonntag (Bsp: Gottesdienste) und nur an bestimmten Orten (Bsp: Kirchengebäude) ist das Evangelium zu hören und zu sehen. Nur mit Einschränkungen ist die frohe Botschaft zugänglich. Doch in Antiochia sehen wir etwas ganz Anderes: das Evangelium ist dazu da, dass es unter die Leute kommt. Es ist dazu da, Leben zu verändern und Gemeinschaft zu stiften. Deshalb sind die Flüchtlinge in Antiochia ausgeströmt und haben die Botschaft vom Gekreuzigten und Auferstandenen mit Juden und Heiden geteilt. In den Häusern, auf den Plätzen, in den Synagogen – wo auch immer sie waren und lebten. Deshalb ist auf dieser Basis eine gemischte Kirche aus Juden und Heiden entstanden. Und genau diese bemerkenswerte Kirche in Antiochia ist es nun, die zur Basis der weltweiten Kirche von Juden und Heiden wird. Deshalb waren sie auch bereit, zwei von ihren fähigsten Leuten (diese behält man doch normalerweise lieber für sich – oder?) auszusenden, als sie von Gott den Wink dazu bekamen. Das Evangelium gehört allen Menschen – das Evangelium muss unter die Leute. Deshalb schicken sie den Barnabas und den Paulus aus, um die frohe Botschaft auch an anderen Orten unter die Menschen zu bringen.

Wir sind gefragt: Sind wir bereit zum Teilen? Sind wir bereit, das Kostbarste, was uns anvertraut ist, zu teilen? Die Botschaft vom Gekreuzigten und Auferstanden gehört nicht uns – sondern der ganzen Welt. Sind wir bereit, diese anvertrauten Juwelen des Evangeliums unter die Leute zu bringen? Und sind wir bereit, Menschen aus unserer Mitte freizusetzen, damit die frohe Botschaft auch an anderen Orten auf den Leuchter kommt?

AMEN!

Auf Zypern

Nachdem sie nun ausgesandt waren vom Heiligen Geist, kamen sie nach Seleuzia und von da zu Schiff nach Zypern. Und als sie in die Stadt Salamis kamen, verkündigten sie das Wort Gottes in den Synagogen der Juden; sie hatten aber auch Johannes als Gehilfen bei sich. Als sie die ganze Insel bis nach Paphos durchzogen hatten, trafen sie einen Zauberer und falschen Propheten, einen Juden, der hieß Barjesus; der war bei dem Statthalter Sergius Paulus, einem verständigen Mann. Dieser rief Barnabas und Saulus zu sich und begehrte, das Wort Gottes zu hören. Da widerstand ihnen der Zauberer Elymas – denn so wird sein Name übersetzt – und versuchte, den Statthalter vom Glauben abzuhalten. Saulus aber, der auch Paulus heißt, voll Heiligen Geistes, sah ihn an und sprach: Du Sohn des Teufels, voll aller List und aller Bosheit, du Feind aller Gerechtigkeit, hörst du nicht auf, krumm zu machen die geraden Wege des Herrn? Und nun siehe, die Hand des Herrn kommt über dich, und du sollst blind sein und die Sonne eine Zeit lang nicht sehen! Auf der Stelle fiel Dunkelheit und Finsternis auf ihn, und er ging umher und suchte jemanden, der ihn an der Hand führte. Als der Statthalter sah, was geschehen war, wurde er gläubig und verwunderte sich über die Lehre des Herrn. (Apg 13,4-12 Luther)

Liebe Schwestern und Brüder, Liebe Gemeinde!

Zypern! Das klingt nach Ferien! Wie Kreta, Rhodos, Santorini – oder Korsika, Elba oder Malta – so ist auch Zypern heute eine Feriendestination im Mittelmeer. Die einen denken an Ferien, wenn sie Zypern hören. Andere denken an die schwere Bankenkrise, die erst vor kurzem die Einwohner dieser Insel geplagt hat – und deren Auswirkungen sie immer noch plagen. Oder wir denken an die Teilung der Insel in einen türkischen und einen griechischen Teil seit den 1970er Jahren.

Barnabas und Paulus bereisten Zypern – nicht etwa als Touristen, sondern vielmehr als Botschafter des Evangeliums von Jesus Christus, dem Gekreuzigten und Auferstandenen. Schon damals vor bald 2000 Jahren hatte Zypern wegen seinem angenehmen Klima einen guten Ruf als Ort der Erholung. Und schon damals lag Zypern an einem Knotenpunkt der Mittelmeer-Schifffahrt – man hatte in alle Richtungen gute Verbindungen: nach Syrien im Osten, nach Ägypten im Süden, ins Gebiet der heutigen Türkei im Norden. Wegen seiner strategischen Lage im östlichen Mittelmeer war Zypern relativ wohlhabend, hatte vielfältige Ressourcen und verfügte über gute Häfen. Dort gab es Kupferminen und Schiffswerften. Zypern war eine Drehscheibe im Mittelmeer – ein guter Handelsplatz. Wegen der strategischen Lage war die Insel für Mächte von allen Seiten interessant. Als Barnabas und Paulus die Insel bereisten, hatten die Römer seit fast 100 Jahren dort das Sagen. Seit 27 vor Christus war Zypern eine eigene römische Provinz – und der Senat in Rom bestimmte den Prokonsul der Insel. Die Apostelgeschichte gibt das völlig korrekt wieder: der höchste Verantwortungsträger war dieser Prokonsul und er residierte im Westen der Insel in Paphos – genauer gesagt in der Stadt Neu-Paphos, die seit 22 vor Christus die Hauptstadt der Insel war. Zuvor hatte Salamis diese Funktion.

Barnabas und Paulus machen sich auf – von Antiochia in Syrien nach Zypern. Nicht einfach aus Reiselust – oder um Ferien zu machen. Nicht einfach, um Familie, Verwandte und Freunde zu besuchen. Nicht einfach, weil sie nach einem Kick oder einem Abenteuer suchten. Sie reisen mit dem Evangelium im Gepäck, mit dem Evangelium im Herz, mit dem Evangelium auf den Lippen. Sie sind Gesandte, Delegierte der Kirche in Antiochia - dieser drittgrössten Stadt im römischen Reich. Diese Kirche dort war eine bemerkenswerte Erscheinung – sie bestand aus Juden und Heiden. Unter der Verkündigung von Jesus, der gekreuzigt und auferstanden ist, wurde dort in Antiochia die Schar von Männern und Frauen, die von dieser Botschaft ergriffen worden waren, zu einer gemischten juden- und heidenchristlichen Gemeinde. Sie waren zur Überzeugung gekommen, dass ihnen mit dem Evangelium ein kostbarer Schatz anvertraut war, der allen Menschen gehört. So waren die Christinnen und

Christen in Antiochia von Anfang an bestrebt, diesen Schatz nicht einfach für sich zu behalten, sondern ihn freigiebig mit anderen Menschen zu teilen. Das führte dazu, dass sie zwei von ihren besten Leuten in der Gemeinde und in der Leitung – eben Barnabas und Paulus – aussandten, diese Botschaft des Evangeliums an andere Orte weiterzutragen. Und wir hören, dass das nicht einfach eine menschliche Idee oder ein menschliches Werk war, sondern dass es vielmehr der lebendige Gott selbst war, der sie durch seinen Heiligen Geist in diese Richtung geführt hatte:

Nachdem sie nun ausgesandt waren vom Heiligen Geist, kamen sie nach Seleuzia und von da zu Schiff nach Zypern. Und als sie in die Stadt Salamis kamen, verkündigten sie das Wort Gottes in den Synagogen der Juden; sie hatten aber auch Johannes als Gehilfen bei sich.

Liebe Schwestern und Brüder,

wie sieht denn das konkret aus – diese Aussendung durch den Heiligen Geist? Wie müssen wir uns das vorstellen? Wenn wir die ganze Geschichte im Zusammenhang lesen, dann hören wir einerseits davon, dass der Heilige Geist aussendet und andererseits, dass die Kirche und ihre Leiter aussenden. Das ist aber kein Widerspruch, sondern der Clou ist eben gerade der, dass es Menschen tun, die in Übereinstimmung mit Gottes Weisung durch seinen Heiligen Geist handeln. Die Kirche ist hier im Gleichschritt mit Gottes Geist. Nicht immer können wir das von den Kirchen im Allgemeinen und von unserer Kirche im Speziellen sagen. Das fordert uns heraus, diese Überstimmung zu suchen. Sind wir als Kirche hier und weltweit auf der Spur, die der Gekreuzigte und Auferstandene uns durch seinen Geist weist? Wichtig ist zuerst, dass wir überhaupt offen sind dafür. Wichtig ist, dass wir bereit sind, zu hören. Entscheidend ist, dass wir gehorchen, wenn Gott durch seinen Geist die Richtung weist.

Spannend ist aber nun, dass der Heilige Geist durch diese Kirche und ihre Leitung zwar die Aussendung vorbereitet und vollzieht – aber wir lesen nichts einer präzisen Weisung, wo sie hingehen sollen. Von Antiochia aus kann man in ganz verschiedene Richtungen reisen. Es sind vor allem zwei Hauptrichtungen, die man einschlagen kann. Die eine geht nach Norden auf der Karawanenstrasse, die dann bald nach Westen abbiegt. Auf diesem Weg kommt man nach wenigen Tagereisen in die Stadt Tarsus, wo Paulus die erste Zeit seines Lebens verbracht hatte. Die andere Hauptrichtung geht zu Fuss in die 25 Kilometer entfernte Hafenstadt Seleukia – und dort besteigt man ein Schiff. Von Seleukia, dem römischen Flottenstützpunkt im Osten des Reichs, aus steht der ganze Mittelmeerraum offen.

Ja, immer wieder ist das Erfahrung einzelner Christinnen und Christen – und auch ganzer Kirchen! Der lebendige Gott ruft Menschen in seinen Dienst, sondert sie aus und sendet sie aus. Aber Gottes Geist schreibt nicht alle Einzelheiten vor und macht uns nicht zu Marionetten und Statisten. Unsere Gaben sind gefragt. Unser Nachdenken ist gefragt. Gesunder Menschenverstand ist gefragt – gepaart mit Offenheit für Gottes Wirken und Reden. Wenn der Rahmen klar ist, dann ist da viel Freiraum für Kreativität. Mich beeindruckt das!

Weshalb eigentlich gerade Zypern? Warum reisen Barnabas und Paulus jetzt zuerst nach Zypern – und zwar auf direktem Land- und Seeweg? Wer die Apostelgeschichte bis hierher aufmerksam gelesen hat, der erinnert sich, dass Zypern bereits zweimal erwähnt wurde. Wir wissen, dass Barnabas gebürtiger Zypriote war (Apg 4,36). Die Vermutung liegt nahe, dass zum Zeitpunkt der Reise Verwandte und Freunde von Barnabas auf der Insel lebten, die man besuchen konnte – bei denen man ein Dach über dem Kopf und ein Essen auf dem Tisch finden würde. Ja, vielleicht hatte Paulus ebenfalls connections in Zypern, denn auch von Tarsus war es nicht weit nach Zypern. Wir wissen auch, dass unter den Gründern der Kirche in Antiochia Zyprioten waren – ja, dass sogar im gleichen Zusammenhang bereits auf Zypern missioniert wurde (Apg 11,19-20). Gut möglich, dass also auf der Insel schon kleine Hauskirchen

existierten. Gut möglich, dass Barnabas und Paulus dadurch bereits viele gute Anknüpfungspunkte und Adressen in ihrem Notizbuch hatten, als sie die knapp 100 km von Seleukia in die ostzypriotische Hafenstadt Salamis segelten!
Salamis war kein Kaff! Salamis war eine bekannte Hafenstadt. Forscher gehen für diese Zeit von rund 150'000 Einwohnern aus. Barnabas und Paulus landen im Hafen und beginnen ihre Mission in den jüdischen Synagogen der Stadt. Warum beginnen sie in den Synagogen? Weil man dort vom Schöpfer dieser Welt weiss. Weil man dort die Geschichte Israels kennt. Dort werden an jedem Schabbat die Schriften gelesen. Dort haben jüdische Gäste die Möglichkeit, ein Wort an die Gemeinde zu richten. Dort gibt es auch Möglichkeiten für Unterkunft und Mahlzeiten. Dort sind auch diejenigen Heiden („Gottesfürchtige") anzutreffen, die für den Gott Israels offen sind, für den Monotheismus und die Ethik des Judentums. Logisch, dass die beiden in den Synagogen beginnen. Paulus wird das später im Römerbrief (1,16) theologisch auf den Punkt bringen, was die beiden hier in Salamis und dann auch an den weiteren Orten strategisch konsequent praktizieren:

Denn ich schäme mich des Evangeliums nicht; denn es ist eine Kraft Gottes, die selig macht alle, die daran glauben, die Juden zuerst und ebenso die Griechen.

Wir erfahren nicht, wie lange die beiden in Salamis gewirkt haben. Ich gehe von Wochen oder Monaten aus. Sie waren ja an der Arbeit – und nicht auf der Flucht. Und sicher wollten sie die christlichen Hauskirchen in einem gefestigten Zustand zurücklassen. Lukas erzählt uns an dieser Stelle keine Einzelheiten darüber. Er kann nicht alles erzählen – er muss auswählen. Wir erfahren einfach, dass sie weiter gereist sind: von der Hafenstadt Salamis ganz im Osten der Insel - wohl auf der unter Kaiser Augustus gebauten Südstrasse - in die Hafenstadt Neu-Paphos ganz im Westen von Zypern. Dort ist die Hauptstadt der Insel und der Sitz des römischen Prokonsuls – wir würden sagen: des Gouverneurs. Bei einer flüchtigen Lektüre könnte man denken, es handle sich hier einfach um irgendeine interessante Bekehrungsgeschichte. Bei genauem Hinsehen geschieht hier aber etwas Einschneidendes: hier begegnet uns der ranghöchste Römer der

Insel, ja der ranghöchste Römer in der Apostelgeschichte überhaupt, der die Botschafter des Evangeliums ausdrücklich einlädt und durch ihren Dienst zum Glauben kommt. Zum ersten Mal öffnet sich einer der Mächtigen der Erde der Christusbotschaft. Das Evangelium gilt allen Menschen – auch den Mächtigen!

Zuerst haben die beiden das Evangelium ins Herz der jüdischen Gemeinschaft auf der Insel getragen – und jetzt dringt das Evangelium ins heidnische Machtzentrum der Insel vor und erreicht den römischen Gouverneur. Ob uns das gefällt oder nicht: Es gibt auch bei uns, wie damals, keinen echten Fortschritt für das Evangelium ohne Opposition, ohne Widerstand. Da ist dieser Prokonsul Sergius Paulus – da ist aber auch sein okkulter Berater Barjesus-Elymas, der seine Felle davon schwimmen sieht, weil er seinen Job los ist, wenn der Prokonsul die Botschaft der beiden Missionare wirklich annimmt. Dann braucht er nämlich keinen Zauberer und Wahrsager mehr in seiner entourage. Nun muss man diese Geschichte sorgfältig lesen – und auch die weiteren Erzählungen in der Apostelgeschichte, die von der Konfrontation des Evangeliums mit okkulten Mächten berichten. Es kommt zur Konfrontation, weil die okkulte Seite das Evangelium stört, hindert, torpediert. Paulus und Barnabas suchen nicht die Konfrontation, aber sie stellen sich der Konfrontation!

Und in dieser Konfrontation der Finsternis mit dem Licht, des Okkulten mit dem Evangelium erweist sich – damals und heute und in Ewigkeit – der Auferstandene als Messias Israels und Befreier der Welt. Wie wir das zu Recht im Lied aussprechen und singen: „Jesus ist der Siegesheld, der all seine Feind besieget“ (856) und „Dass Jesus siegt, bleibt ewig ausgemacht“ (857). Darauf vertrauen wir: das Licht ist stärker als die Finsternis. Das bekennen wir: Jesus siegt. Alles wird sich – früher oder später – seiner Liebe beugen. Das ist unsere Hoffnung für uns persönlich und für diese Welt. Lasst uns das von den Christinnen und Christen in Antiochia lernen: Sie haben das Evangelium geteilt – mit Menschen vor Ort und weit darüber hinaus.

AMEN!

Nachwort 1

Es ist ein besonderer Moment, in welchem ich diese Zeilen schreibe: Christoph Ramstein beendet in diesen Wochen seine Tätigkeit als Gemeindepfarrer in Lausen! Dies nach 20 Jahren segensreicher, prägender Tätigkeit. Durch diesen Abschied bekommt der vorliegende Predigtband eine besondere Stellung als Vermächtnis und es ist wohl kein Zufall, dass es Predigten zur Apostelgeschichte sind! Denn wie ein roter Faden zieht sich das Herausarbeiten der Vermächtnisse, welche die junge christliche Gemeinde von damals der christlichen Gemeinde von heute hinterlässt, durch diese Predigten. Dieser Brückenschlag von damals nach heute, dieses vergleichende Aktualisieren, in Bezug setzen zur Geschichte, dieses Einbetten in unseren Zeitkontext, das Kontrastieren aber auch das Parallelisieren macht die Predigten hochaktuell und herausfordernd. Christoph Ramstein will (und wollte immer), dass wir nach dem Hören / Lesen seiner Predigten nicht einfach sagen „schöne Predigt", sondern er wünschte sich, dass wir uns aufmachen, uns prüfen, wachrütteln lassen, ja – wenn nötig – auch umkehren – als Einzelne und als Gemeinde.

Ein paar Beispiele dazu: Warten wir betend, lösen wir Probleme betend? Handeln wir im Namen Jesu? Widerstehen wir wo nötig mutig dem Druck des öffentlichen Mainstreams? Wie gross ist unser Leidensvermögen um der Botschaft von Jesus willen? Ist unser Reden vom Glauben ein Antworten auf die Fragen unserer Mitmenschen? Kennen wir gesundes Teilen? Worauf hoffen wir letztendlich? Können wir Brücken schlagen, Grenzen überwinden, weil Christus schon alle Vorurteile weggeräumt hat?

Ja, ein grosses Anliegen von Christoph Ramstein war es, dass die Gemeinde ihr Zentrum – Jesus Christus – nie aus den Augen verliert, denn ER ist's, aus dem und mit dem wir leben und er ist's der das Wollen und Vollbringen schafft. Und das kommt eindringlich in diesem Predigtband zum Ausdruck!

Nicht unerwähnt lassen möchte ich, dass die Predigten von Christoph Ramstein von seinen sprachlichen und rhetorischen Fähigkeiten zeugen und seine Liebe zum Historischen aufglänzen lassen – er recherchiert leidenschaftlich gern und genau! Er liebt das genaue Hinsehen auf das Wort der Bibel, aber auch auf ein Gemälde oder einen Liedtext, mitunter gewürzt mit Humor, ab und zu mit einer Kuriosität oder dem Sonderlichen, das unsere Medienwelt hervorbringt. Immer vorgetragen in lebendiger Sprache und die Zuhörenden packend. Das bleibt zum Glück auch in den geschriebenen Texten spürbar, besonders stark in Passagen, wo „Staccato-Sätze“ vorherrschen.

Alles in allem eine echte Bereicherung und – wie schon erwähnt – ein grossartiges Vermächtnis! Dabei ist ja die Verkündigung nur eine der vielen Facetten, die den Reichtum der Persönlichkeit von Christoph Ramstein ausmachen! Ich wünsche den Leserinnen und Lesern eine ermutigende Begegnung mit dem Autor durch diesen Predigtband.

Danke für alle Deine Predigten, die Du uns hinterlässt, besonders aber für diesen letzten Band.

Lausen, im September 2014
Peter Matl

Nachwort 2

Nach einem abendlichen Kinobesuch im Winter 2007 / 2008 schlenderte ich mit einer guten Freundin, ebenfalls Theologin, durch die Steinenvorstadt in Basel. „Hättest Du eine Idee, bei wem ich mein Vikariat machen könnte?“, fragte ich sie. Die Antwort kam schnell und eindeutig: Christoph Ramstein in Lausen. Ich hatte den Namen wenige Wochen zuvor zum ersten Mal in meinem Leben gehört – im Zusammenhang mit der Gründungsgeschichte des Evangelischen Studienhauses. Beide Male wurde mir über Christoph sehr Positives berichtet. Auf diese Weise habe ich ihn kennen gelernt: Durch den guten Ruf, der ihm voraus eilte.

Meine Entscheidung, bei ihm Vikariat zu machen – ich traf sie noch an jenem Kinoabend –, habe ich auch während des Jahres kein einziges Mal bereut. Ich verlebte ein sehr glückliches Vikariatsjahr. Christoph ist – was ihm auch für seine Predigten zu Gute kommt – stark in der Kommunikation. Welche Signale sendet eine gewisse Wortwahl? Wem kommuniziere ich was wie? Zu solchen Fragen habe ich bei ihm viel gelernt. Christophs Stärke der Kommunikation wird auch in seinen Predigten sichtbar. So benutzt er eine Sprache, die für Menschen aus sehr verschiedenen Milieus verständlich ist. Und er formuliert auf eine Art und Weise, dass ein hörendes – nicht nur lesendes – Publikum gut folgen kann.

Eine andere Charaktereigenschaft, die mir während des Vikariats auffiel, ist Christophs Mut, neue Wege zu gehen und Dinge anzuregen, die ausserhalb der alltäglichen Pfarrtätigkeit liegen. Auch in seinen Predigten kommt dieser Mut zum Tragen, z.B. in der Praxis der Predigtreihen. Sie zwingen dazu, manchmal Texte zu predigen, die „sperrig“ sind, die in unsere gesellschaftlichen Vorstellungen und Wünsche schwer hinein passen. Christoph hat sich immer auch solchen Texten ausgesetzt. Noch in einer anderen Facette seiner Predigttätigkeit habe ich etwas von diesem Mut zum Ungewöhnlichen und Sperrigen erlebt. Christoph beginnt seine Predigten allermeist mit der Lesung des Bibeltextes. Er merkte eines Tages an: Wenn Predigende zu häufig das Bibelwort „einleiten“ und mit eigenen Worten darauf hinführen, stehe dahinter meist der Wunsch, Texte „entschärfen“ zu wollen. Sperriges und Unliebsames soll bereits im Vorfeld ins rechte Licht gerückt und geglättet werden. Dem gegenüber wagt er, das Predigtwort ungeglättet an den Anfang zu stellen. Diesen „Mut zum Bibelwort“ habe ich an seinen Predigten immer sehr geschätzt.

„Schreib dazu doch mal ein Paper“, war ein mehrfach wiederkehrender Satz während meines Lehrjahres in Lausen. Wenn wir in theologische Diskussionen kamen – was nicht selten der Fall war –, wünschte sich Christoph eine fundierte Auseinandersetzung mit den aufgeworfenen Fragen und Themen. Dazu gehörte, dass theologische Literatur zu den diskutierten Punkten gelesen und besprochen wurde. Auch ausserhalb von Fragestellungen, die durch meine Mitarbeit aufgeworfen wurden, habe ich Christoph als regen Leser erlebt. Sein Wissensdurst war – auch nach 15 Jahren im Pfarramt – nicht erloschen. Auf seine Predigttätigkeit wirkte sich dies ebenfalls aus. Stand am Sonntag eine Predigt an, begann Christoph Anfang der Woche damit, Literatur zum Predigtwort zu lesen. Seinen Predigten merkt man dies an. Immer wieder bietet er – meist in anekdotischer Form – historische Einschübe oder wissenswerte Informationen. So haben seine Predigten auch für langjährige Predigthörer und gute Bibelkenner Neues zu bieten.

Christoph schreibt seine Predigten, wie ich es sonst bei keinem Pfarrer erlebt habe. Sie entstehen am Sonntagmorgen zwischen 4 Uhr und 8 Uhr. Ich habe den Mut, den es braucht, sich so spät ans Schreiben zu setzen, immer bewundert. Und: Ich habe es den Predigten nie angemerkt. Ich erlebte keine einzige Predigt, bei der ich den Eindruck hatte, sie sei ein „Schnellschuss“ gewesen in der Entstehung. Mich als Vikarin hat Christophs Art Predigten zu schreiben enorm entspannt. Wenn ich nach einer vollen Arbeitswoche erst Samstag im Nachmittag dazu kam, mich an die Predigt zu setzen, wusste ich: Ich bin noch früh dran. Die Predigt könnte auch erst morgen zwischen 4 Uhr und 8 Uhr entstehen.

So schaue ich zurück auf ein unvergessliches Vikariatsjahr, in dem mir Christoph viel Freude für den Pfarrberuf mitgegeben hat. Ich bin sehr dankbar für seine väterlich-fürsorgliche Art, mit der er die Rolle des Vikariatsleiters ausfüllte, für all seine Anregungen, seine Unterstützung und Förderung auch weit über dieses Lehrjahr hinaus.

Harpstedt, im Oktober 2014
Hanna Rucks

Printed by Books on Demand GmbH, Norderstedt / Germany